英语翻译教学与语用能力培养研究

陈秀春 著

吉林出版集团股份有限公司
全国百佳图书出版单位

图书在版编目（CIP）数据

英语翻译教学与语用能力培养研究 / 陈秀春著 . --
长春 : 吉林出版集团股份有限公司 , 2022.7
ISBN 978-7-5731-1849-3

Ⅰ . ①英… Ⅱ . ①陈… Ⅲ . ①英语–翻译–教学研究
②英语–语用学–研究 Ⅳ . ① H31

中国版本图书馆 CIP 数据核字 (2022) 第 137378 号

英语翻译教学与语用能力培养研究

YINGYU FANYI JIAOXUE YU YUYONG NENGLI PEIYANG YANJIU

著　　者：陈秀春　　　　责任编辑：刘晓敏
出版策划：齐　郁　　　　排版设计：沈　莹

出　　版：吉林出版集团股份有限公司
（长春市福祉大路 5788 号，邮政编码 : 130118）
发　　行：吉林出版集团译文图书经营有限公司
（http:/ / shop34896900. taobao. com）
电　　话：总编办 0431-81629909　　营销部：0431-81629880/81629881
印　　刷：天津和萱印刷有限公司

开　　本：787mm × 1092mm　　1/16
印　　张：11.5
字　　数：205 千字
版　　次：2022 年 7 月第 1 版
印　　次：2022 年 7 月第 1 次印刷
书　　号：ISBN 978-7-5731-1849-3
定　　价：78.00 元

印装错误请与承印厂联系

前 言

进入21世纪以来，在经济全球化、知识信息化的浪潮中，我国面临越来越多的机遇和挑战。随着我国与其他国家在经济、文化等方面的交流增多，我国对外语人才的数量、质量、层次和种类提出了更高的要求。掌握一门外语以主动融入国际交流是目前乃至未来社会人才必备的重要素质之一。英语作为一门国际通用语言，已成为国际社会广泛运用的交流工具，越来越多的人将它作为第二语言或外语进行学习和使用。随着科学技术和全球化的进一步发展，英语的重要性无疑会更加凸显。

虽然我国英语翻译教学做出了一系列的改革，但是当前我国英语翻译教学仍然面临一系列的问题，如英语翻译课程在众多高等院校中没有得到足够的重视、翻译教学拘泥于传统教学模式、学生个人英语翻译素质不高、英语翻译教师的身份定位不准、英语翻译教材设置不够合理等。因此，针对当前我国翻译教学的现状，改善英语翻译教学模式，培养学生英语语用能力显得迫切而必要。

本书第一章为绪论，主要包括四个方面的内容，分别为翻译的发展历程、翻译的相关理论、翻译的标准与过程、翻译的要求与实质；第二章为英语翻译教学的现状思考，主要从翻译教学的发展历程、英语翻译教学的现状、英语翻译教学的思考、英语翻译教学的重要性四个方面进行了论述；第三章为英语翻译课堂的教学模式，主要包括国外大学翻译教学模式研究、以学生为中心的英语翻译教学两个部分的内容；第四章为英语翻译的技巧与翻译教学实践探究，主要论述了英语翻译中的基本技巧、词汇层面的翻译教学、段落层面的翻译教学、语法层面的翻译教学及文体层面的翻译教学五个部分的内容；第五章为英语教学中的语用分析，主要对英语委婉语、矛盾修辞语、英语情态动词、英语被动语态、英语一般疑问句等在英语教学中的语用进行了分析；第六章为英语语用能力的培养策略，主要包括英语能力与语用及语用能力的培养两个方面的内容。

在撰写本书的过程中，笔者得到了许多专家学者的帮助和指导，参考了大量的学术文献，在此表达真诚的感谢。本书内容系统全面，论述条理清晰、深入浅出，但由于笔者水平有限，书中难免会有疏漏之处，希望广大同行及时指正。

2021 年 10 月

目录

第一章 绪论

本章主要介绍了四部分内容，首先，对中国与西方翻译的发展历程进行了概述；其次，对翻译相关的几个重要理论进行了详细介绍；最后，论述了翻译的标准与过程及翻译的要求与实质两部分内容。

第一节 翻译的发展历程

一、中国翻译发展简史

（一）古代佛经翻译时期

1. 东汉末年的佛经翻译

东汉末年的佛经翻译事业已经初具规模，为后来的佛经翻译奠定了基础，同时也促进了佛教的传播。东汉末年的佛经翻译主要有以下几个特征:（1）译经人员主要为外籍僧人。其原因主要是佛教刚传入中原地区，发展并不充分，真正通晓佛理的高僧很少，本土僧人很难进行佛经翻译；另一个原因就是外籍僧人想要在中国传播佛教思想，就必须先将梵文佛经译成汉语，在佛教传播初期，他们必须承担起翻译佛经这一重任。（2）翻译时一般全凭口授，一名外籍僧人配有一名或多名口译员。这些口译员精通外国僧人的语言，将他们的解释口头翻译成中文，再由其他人员将这些翻译记录下来，因此，这时的翻译方法实际上是集体翻译，称为“译场”。译场的翻译过程分为三个步骤：传言、笔受和证义。（3）翻译时偏于直译。由于外籍僧人不精通汉语，汉人也不精通梵语，初期的佛经翻译只能将其解释直白地记录下来，同时由于没有可参考借鉴的译文，一些佛教用语也没有权威的固定的翻译，且有的解释在汉语中没有对应的表达，因此，只能选择直译。（4）翻译时常使用道家语言。佛教传入我国之时，正值道家学说盛行，为了更好地传播佛教思想，在翻译佛经时，就尽量使用道家学说中的名词、概念。如支娄迦谶在其所译的《道行般若经》中，把“波罗蜜行”译为“道行”，把“如性”译为“无为”，等等。这使得佛教在传入中国时就带有很强的中国化倾向。（5）译经没有得到政府的支持。佛教刚刚传入，发展不够充分，且政府经费有限，加上这一时期统治者不需要借助佛教对人民进行统治，因此，译经没有得到政府的支持。

2. 两晋和南北朝时期的佛经翻译

这一时期，统治者开始接受和弘扬佛教，因此，佛经翻译又向前迈了一步。这一时期，佛经翻译的代表人物有道安、鸠摩罗什和真谛等。道安是我国佛教史上的一位领袖，对佛教的发展和佛经的翻译有十分重要的贡献。他将已经译出的经典佛经整理成《众经目录》，该书对佛经翻译起着承前启后的作用。在这一时期，佛教进一步发展，译经规模扩大并趋于成熟。具体而言，这一时期的特点如下：（1）译场的成熟。这一时期，佛经翻译逐渐发展成为大规模的译场，佛经翻译由私译转入官译，分工细致，产生了译场制度和译经的原则与方法，促进了佛经翻译的发展。（2）传译和讲习相结合。当时的译主不但译经还讲经，众僧会提出责难，然后参加辩论，这样对译文进行不断的讨论与钻研，不但可以提高佛经翻译的质量，而且能够加深对佛经的理解，但这样也会延长翻译时间。（3）这一时期的原文版本往往不止一种，这样便于相互校勘，提高译文的准确性。（4）这一时期佛经翻译理论有所进步。道安在总结前人翻译的基础上提出了“五失本”“三不易”的译论；鸠摩罗什也开始运用达意的译法，主张“依实出华”；彦琮对译人提出八项基本要求，也就是“八备”说。这些佛经翻译理论影响深远。

3. 唐宋时期的佛经翻译

到了唐代，佛教发展达到一个新的高度，这一时期是我国佛经翻译的顶峰，译经数量庞大。但宋代以后，佛经翻译逐渐走向衰落，其中的原因包括统治者的不支持及大师的缺乏，译经的质量、译场效率都远不如从前。

唐代著名的译经大师有玄奘、法显、义净等。其中最著名的当数玄奘。他通达中印两国文字，洞晓三藏教理，是印度佛学发展的集大成者。他的译经不仅数量巨大，而且质量很高。他的成就无论在佛教方面还是学术方面都非常重大。玄奘主张忠实原文风格，认为原文辞藻华丽，译文措辞也应该华丽，但如果原文风格朴素，那么译文也应如此。他为音译制定了规则，提出“五不翻”原则，这对后世翻译产生了深远的影响。他开创了中国佛教史上的一个新阶段。这一时期继承和发展了前代佛经翻译的特点，使佛经翻译达到顶峰。具体而言，其特点如下：（1）这一时期的主译者以本国僧人居多。佛教经过多年的传播，越来越多的僧人都精通梵汉双语，通晓佛理，善于运用各种翻译技巧，从事译经工作。（2）这一时期，译经的计划性更强，所译经典之作大多是全文，很少有节选部分。（3）译场制度更加完善。译场规模缩小，确保了译经效率和质量；译场的分工更加细化，如唐代译场分为 11 个步骤，在忠实和通顺两个方面都做得更好。（4）宋代虽然也设立了译经院，但译经人员大多是外籍僧人。

（二）明清翻译时期

继佛经翻译之后，明末清初的翻译以外来传教士同中国士大夫合作进行科学翻译为代表性特征。徐光启与利玛窦合译《几何原本》；李之藻也在传教士的帮助下翻译了第一本西方逻辑学著作《名理探》，并在译序中提出了“依照原文译出成书”的忠实翻译观，这与他所从事的翻译多为科技类文本有关。

清末时期关于翻译的论著渐多。如英国的傅兰雅在其论著《论译书之法》和《论译书之益》中指出科技译名应统一。马建忠则在其所著的《拟设翻译书院议》中提出“善译”说。梁启超在《论译书》中论述了翻译内容、译名统一、翻译人才三个要点。更著名的是严复提出的“信、达、雅”翻译标准，这一思想影响了几代人。后来的鲁迅、茅盾、陈西滢、贺麟、朱生豪、朱自清、朱光潜、傅雷、钱锺书等人都提出了自己的翻译认识，但也秉持了与前人相近似的思路。倒是郑振铎注意到国外的翻译认识，介绍了英国泰特勒的“论翻译的原则”，并对其予以点评。同时，我们也需注意民族语言之间的翻译论述。如清代乾隆初年魏象乾所著的《繙清说》就是比较重要的翻译专论，书中所论主要是汉文和满文之间的翻译。如书中写道：“窃惟翻译之道，至显而寓至微，至约而寓至博，信乎千变万化、神妙莫测也。惟其变化无穷，遂有出入失正之弊，学者不可不审焉。夫所谓正者，了其意、完其辞、顺其气、传其神，不增不减，不颠不倒，不恃取意。”所谈正是翻译的方法、要求、标准等问题。

（三）鸦片战争时期西学翻译

严复用“信、达、雅”阐述了翻译实践应遵循的三条标准，这可以说是中国译者对翻译理论研究的最高水平。其中“信”“达”有极高的难度，若未达到信，该翻译便失去了真正的意义和价值，“达”和“雅”则毫无意义。因此，“信、达、雅”作为翻译标准，也是严复对翻译设定的期望目标。自严复提出“信、达、雅”以来，这三条标准成为翻译的主要标准，它们在相当长的时间影响着中国译界，是衡量翻译质量好坏的重要标准。尽管之后仍有多数翻译家提出了多种见解，但始终无法绕开“信、达、雅”作为翻译标准的最高境界。这三个字，精炼、准确地概括了翻译的精髓，在长期的翻译实践过程中，更是经受住了实践的考验。回顾严复的生平，他曾就职于译书局，翻译过大量的西方名著，是一名经验丰富、当之无愧的优秀翻译家。因此，他才能提出后人无法超越的翻译标准，这离不开他在长期的翻译工作中积累下的经验和自身悟性。林纾也是一位翻译经验丰富的优秀翻译家，他在助手的帮助下，翻译了上百种欧美小说。他曾在《译叹》中提到自己的翻译见解，之后王秉钦先生将其总结为“神会、步境、怡神”。虽然林纾不通外文，但其翻译水平也受到了翻译界的认可，而且获得了极高的评价。他的译文之所以至今仍旧具备无法抗拒的魅力，正是因为他在长期的创作过程中，大胆创新，充分发挥自身深厚的文字功底，让译文比原文更具魅力。

（四）五四运动到解放时期翻译的发展

在此期间，我国涌现了许多杰出的翻译家，如鲁迅、钱锺书、傅雷及林语堂等，他们为中国的翻译事业作出了一定的贡献。其中，鲁迅对于直译方法具有独特见解思想；茅盾对文学作品提出重译、转译及复译等重要思想；林语堂认为译文要具有通顺、忠实及美等标准；傅雷则重点以实践为主。不同的翻译家均提出不同见解、思想及标准，为翻译理论提供了研究依据。他们的大多数译作对于我国文学作品具有重要意义，成为较为珍贵的文学财富。

（五）中华人民共和国成立后翻译事业的发展

1.1949—1976 年

因为特定的政治历史环境，本阶段翻译发展具有鲜明的特点。

（1）翻译数量虽有所增加，但都集中在政治文献和文学翻译领域，翻译出版了许多国外有关翻译的著作或教科书。

（2）翻译研究以总结翻译实践经验为主，试图解决翻译过程中遇到的问题，并未充分意识到翻译理论的重要性，忽略了对翻译理论的研究。

（3）翻译组织成立，学术交流活动不断增多。1949 年 11 月 13 日，最早的翻译工作者组织——上海市翻译工作者协会成立。它的宗旨是“团结翻译工作者，促进国际文化交流，培植翻译人才，提高翻译水平，参加新民主主义文化建设”。除此之外，1951 年 12 月和 1954 年 8 月分别召开了两次最重要的学术交流大会——第一届全国翻译工作会议和全国文学翻译工作会议。在第一个会议上，具体解决了如何管理翻译工作和如何提高翻译质量这两个问题；在第二个会议上，茅盾先生做了名为“为发展文学翻译事业和提高翻译质量而奋斗”的报告，他认为“翻译需要具备计划性和艺术创造性这两个要点”。这代表了中华人民共和国成立初期译学界的最高水准。

2. 1978 年改革开放以后

1966—1976 年期间，翻译实践活动虽未中止，但其形式和规模都受到了一定的限制。十一届三中全会以后，在改革开放的带动下，翻译研究得到了快速的恢复和发展。对外交流提高了对翻译的需求，翻译活动与翻译思考形成充分互动，翻译研究的领域也不断扩大。这一时期翻译事业的发展主要体现以下几个方面。

（1）从数量上看，老一辈翻译家和新一批中青年翻译工作者将很多外国名著翻译成中文，如翻译家草婴翻译了《战争与和平》《复活》等，冰心翻译了《泰戈尔诗选》。

（2）随着翻译地位的提高，翻译理论研究再次受到重视。有关翻译研究的学术论文及专著数量呈明显上升趋势，而且研究领域不断拓展，研究方法日益丰富，研究深度不断增加。全国的外语院校不仅开设了翻译课，一些院校甚至开始培养翻译专业研究生。此外，一些有关外语教学或研究的杂志纷纷在外语院校创刊或恢复。

（3）逐渐建立并发展了翻译学科，同时也确立了翻译人才培养体系。之前，人们认为，只要会外语就可以胜任翻译工作；改革开放后，人们对翻译的认识逐渐改变，逐渐认识到翻译学习和外语学习的区别。1979 年，北京外国语学院开办联合国译员培训班，这是中国第一次正式培养专业翻译人员，开辟了中国专业化翻译人才的培养之路。此后，教育部不断批准一些高校设置翻译学位的硕士点和博士点。

（4）一些欧美国家的先进的翻译理论被引入中国，丰富了我国翻译研究。如法国乔治·穆南（Georges Mounin）的“翻译研究与语言学结合论”、英国彼得·纽马克（Peter Newmark）的“翻译批评与双语比较”、美国尤金·A·奈达（Eugene A.Nida）的“从交际学与信息论角度出发的翻译研究”等。

二、西方翻译发展简史

（一）古希腊罗马时期的翻译

古希腊罗马时期是我们现在可以研究的最早的翻译时期。正是在这个时期，翻译观念正式形成，并且对后世产生了深远的影响。罗马人在占领希腊后逐渐接受了希腊文化，其中最主要的贡献来自罗马诗人、翻译家里维乌斯·安德罗尼柯（Livius Andronicus）。安德罗尼柯于公元前250年将荷马史诗《奥德赛》翻译成拉丁文，该书成为第一部被译成拉丁文的文学作品。此后，涅维乌斯（Naevius）、贺拉斯（Horace）、西塞罗（Cicero）等翻译了大量的希腊戏剧和文学作品，极大地丰富了拉丁语文学。希腊文学的内容逐渐被罗马人所效仿。但罗马人知道，他们自己创作的作品与希腊文学的样板存在着巨大的差距，因此，他们在这时提出了“效果等值”的假设。最好的例证莫过于泰伦斯的序诗。古罗马时期的翻译者与原文始终保持一种竞争的关系，他们增加或减少原文的内容，按照自己或读者的意愿改动原文的词义表达。这样的翻译最终成为一种对于原文随心所欲的改写，因此，同一部古希腊文学作品有不同版本的翻译就不足为奇了。

在古典主义时期，古罗马作家在创作时逐渐摆脱了古希腊作家的样板。反之，在翻译古希腊文学时却尽可能忠实原文。这使得当时的翻译者进一步反思自己的翻译行为。古典主义时期最重要的翻译家是西塞罗。他在翻译古希腊文学时提出了“竞争性模仿”的概念，即文学翻译不仅要有文采，而且文采必须超过原文。西塞罗认为，翻译并不是“奴隶般”对于原文的模仿，翻译者不应是原文内容的解释者，而应该是对着听众讲话的演讲者。西塞罗要求翻译应该是意义的传达，而非字面的改写。但同时，在词汇层面上，西塞罗十分讲求对于古希腊哲学概念的准确翻译，并在大量的著作中阐释他对于翻译的思考。古典主义时期的翻译家当时面临的问题与现代翻译者的困难相差无几，如词汇空缺、语义矛盾、不同的语言体系、某些成语和比喻的不可译性、是否有加注的必要、句子韵律的翻译等。古罗马时期的翻译者为了解决这些难题，创造性地提出了一些解决办法，其中许多方法对于现代翻译仍具有指导性的意义。例如：“翻译借词法”是指将希腊语中的词汇翻译成拉丁语，进而形成新的拉丁语词汇；“意义借词法”是指赋予现有的拉丁语词汇以新的意义；遇见难以翻译的希腊语词汇，古罗马的译者干脆将其直接运用在拉丁语中，这被称为“外来词法”；还有“释义法”，即用几个拉丁语词汇解释一个希腊语词汇。

（二）《圣经》翻译时期

翻译理论真正的新思想产生于古典主义晚期的基督教时代。此时翻译文本按照其权威性被加以区分，例如，对于所谓“神圣文本”（如《圣经》）的翻译必须严格按照原文内容进行，不允许有任何形式的改动，甚至不能改变原文词汇的顺序。这样便出现了所谓的“行间翻译”（Interlinear version），即在《圣经》原文的字行之间进行一一对应的逐字翻译。这种翻译方法一直延用到中世纪早期对许多手稿的翻译。这个时期一个重要的翻译思想出现在圣经学者、翻译家哲罗姆（Jerome）写给好友帕玛丘的书信中。当时哲罗姆由于将主教艾皮法纽斯写的一篇文字优美的希腊文书信翻译成拉丁语而备受争议。许多人对于哲罗姆的翻译提出质疑和批评。所以，哲罗姆在致帕玛丘的信中为自己的翻译方法进行了辩护，并比较系统地阐述了自己的翻译观："我现在不仅承认，而且还要宣布，在把希腊语翻译成拉丁语时，我没有进行逐字翻译，而是以意译意。但《圣经》翻译除外，因为《圣经》中词汇的先后顺序都包含着神秘的意义。"

《圣经》翻译的这种特殊性当然也影响到世俗文学的翻译。《圣经》翻译者为了能准确翻译原文而创造出了一套完整的方法，这样，后世的世俗文学译者也能借助于这些方法进行忠实原文的翻译。公元 3 世纪，基督教著名神学家俄利根（Origen）提出了"文字多重意义"学说，即一篇文章的字面表达未必等同于其真实意义。另外，罗马帝国末期的神学家奥古斯丁（Augustinus）提出了第一层面（字面意义）和第二层面（精神意义）的符号理论。公元 5 世纪，约翰·卡西恩（Johannes Cassianus）把奥古斯丁的二元符号理论扩展为"四重意义理论"，即一篇文字文本同时具有四重意义：字面意义、比喻意义、道德意义、宗教意义。他以"耶路撒冷"一词的四重意义来解释他的理论，即"耶路撒冷"意味着：（1）以色列的一座城市（字面意义）；（2）基督教会（比喻意义）；（3）人类精神（道德意义）；（4）神圣的天堂（宗教意义）。卡西恩的文字四重意义理论对于整个中世纪产生了巨大的影响。

（三）文艺复兴时期的文学翻译

文艺复兴时期，意大利勒欧纳多·布鲁尼（Leonardo Bruni）开辟了西方人文翻译先河，成为西方翻译史上人文翻译先驱者。他对希腊哲学作品进行了大量翻译，其中对柏拉图、亚里士多德等哲学先驱著作的翻译更是成为经典译作，具有广泛且深远的影响。在长期的翻译工作中，布鲁尼总结了一套特有的工作经验，在他看来翻译者在作品翻译过程中应以原作品为基础，着力还原并尊重原作者的创作风格与创作意图，与此同时，翻译者自身应拥有丰富且深厚的学识，如此才能翻译出符合原作品意图且具有文化底蕴的译文。除勒欧纳多·布鲁尼之外，在文艺复兴时期还有一位较为著名的翻译家，他就是有着"人文主义巨匠"之称的德西德里乌斯·伊拉斯谟（Desiderius Erasmus），他翻译了诸多古希腊文学作品，在当时掀起了巨大的人文主义翻译热潮，其中最为经典的文学翻译是对古希腊修辞学家巴尼马及剧作家欧里庇得斯的文学作品的翻译。此外，他还对拉丁语的《圣经·新约》进行了翻译评注。在翻译过程中，他还将人文思想融入其中，突破了教会权威的制约，将《圣经》本身所传达的思想看得更加重要，力求还原《圣经》原著精神。伊拉斯谟对《圣经·新约》的翻译在西欧学术界产生了巨大的影响，同时也影响着后世的研究。法国在当时也参与到了对西方文学作品的翻译热潮中，法国较为著名的翻译家为雅克·阿米欧（Jacques Amyot）翻译的作品主要为古希腊罗马时期的作品。另外，阿米欧也是文艺复兴时期西方文学作品的翻译实践者。阿米欧翻译的著作较多，其中较为著名的是《埃塞俄比亚传奇》，这本书由古叙利亚作家赫利奥多罗斯（Heliodoros）所著，此外，阿米欧还翻译了《历史丛书》与《道德论说文集》，这两本书分别由希腊历史学家狄奥多鲁·西库鲁（Diodorus Siculus）和普鲁塔克（Plutarch）所著。在阿米欧所有的翻译著作中，使其成名的作品是《希腊罗马名人比较列传》。由于获得了国王的支持，阿米欧整个翻译工作进展得较为顺利。因翻译技术精湛，阿米欧留下的作品也成为后世创作的主要素材。他对作品的翻译是基于希腊语、拉丁语而进行的深化与再创作，出现了诸多新型词汇，法语表现力更为凸显，给法国人留下了便于认知的经典译本。文艺复兴运动的出现对于欧洲社会特别是西欧社会的影响较大。而在文艺复兴运动过程中，文学翻译实践活动较为盛行，基于社会变革的要求，文学翻译作品的出现也对人们思想的革新起到了关键性的作用。通过文学翻译，作品内容能够与各个地区的社会文化语境进行积极的互动，形成较为积极的文化效应。文艺复兴时期出现了较多著名的译者和译作，对于社会进步与文化发展起到了关键性的推动作用。至于具体的翻译过程，译者需要关注读者的阅读习惯，同时充分尊重地区差异，确定合适的翻译风格，为社会发展提供稳定的文化助推力。

文艺复兴时期的文学翻译考虑到了读者的理解能力。读者在阅读作品时，会呈现不同的理解能力。读者能否理解译文的意思和内涵，取决于翻译作品的译者是否考虑到读者的生活背景及教育水平差异。译者在翻译之前，必须对受众的基本状况进行了解，要能够从读者的基本立场出发进行整个作品的翻译，确保选择最佳的翻译策略。在进行到具体的文本翻译环节时，译者更要以读者为基准，考虑读者的理解能力，进一步开展翻译工作。在翻译过程中，要关注读者的文化需求，确保选择的词汇语义等能够契合读者的文化生活背景。每个地区的文化生活背景都是存在差异的，因而在翻译时，要特别考虑地区针对性，确保翻译作品能够具有更高的社会契合度与受众接受度。在翻译过程中，译者可能要通过作品表达自己的思想或者传播某种文化，此时，译者需要找到受众所生活的地域文化与自己想要传播的文化之间的契合点，确保能够实现译者的翻译目的。

文艺复兴时期的文学翻译尊重读者的审美观。读者在阅读作品时，会呈现不同的文学审美观，他们会根据自己的文学喜好来选择文学作品，同时也会根据文学喜好来选择译文版本。在进行翻译时，译者要对不同地区人文背景进行解读，做到有针对性的翻译，体现对当地人的文学审美观的尊重。在文艺复兴时期，译者在进行文学作品翻译时，主要应了解受众的思想状态，结合社会发展现状对译文的文化导向与思想导向进行调整。有的地区对于社会改革的需求较为强烈，在翻译时就要更加注重将人文主义精神融入译文之中；而对于社会变革需要较弱的地区，在进行翻译时则要体现对当地文化的尊重，同时适当地融入人文精神的内容。

文艺复兴时期的文学翻译注意把握翻译风格。译者在翻译文学作品时，需要把握译作风格，这会对翻译质量产生直接影响。在翻译过程中，译者要找到读者的特点，同时也要把握原作的特色，以原作为基准进行一定程度的风格塑造，并确保译文符合读者的阅读习惯。在翻译时，译者要加深对作品的理解，在译本中，要适当地融入自己的语言习惯与语言风格，不能出现不伦不类的现象。译者要在掌握原作内涵的基础上进行翻译风格的定位。对于同年龄段的受众来说，他们的阅读需求不同，对译文的接受能力也不同，因而译者在进行翻译时，要尽可能地将原作翻译成不同的版本，但是要以保证原文的思想及内涵为前提，对语言风格进行适当调整，使读者能够拥有持续的阅读兴趣。最后，在整个翻译过程中，风格定位固然重要，但更重要的是保持全文风格的一致性与连贯性。以原作品的书名和章节标题为例，一般在翻译时，要对其格式进行保留，避免对原文进行面目全非的改造。在进行实际翻译时，译者可以在确保原著本意的基础上对其内容进行适当的删减。

（四）现代翻译时期

进入 20 世纪，关于翻译理论的研究更加繁荣，流派林立。翻译作品的题材更加广泛，文体形式不断扩大，语言学和社会语言等学科推动翻译理论不断发展。其中著名的翻译理论有尤金・A・奈达的对等理论、莱斯和费米尔的功能翻译理论、佐哈等的多元翻译理论、巴斯奈特等的文化转向翻译理论、劳伦斯・韦努蒂的归化与异化翻译理论、斯坦纳等的阐释学翻译理论，以及德里达等的解构主义翻译理论、后期的女性主义翻译理论和后殖民地翻译理论等。美国著名翻译理论研究学者尤金・A・奈达将当代翻译理论划分为四个基本流派，即语文学派、语言学派、交际学派和社会符号学派，其主要依据是这些翻译理论不同的研究重点。埃德温·根茨勒（Edwin Gentzler）在其所著的《当代翻译理论》一书中，依据从第二次世界大战到20世纪90年代初西方各翻译理论研究的不同发展态势，并根据各种翻译理论研究所采用的不同方法和理论依据来源，将当代翻译理论划分五大流派：美国翻译培训派、翻译科学派、早期翻译研究派、多元体系派、解构主义派。在我国，张南峰、陈德鸿在《西方翻译理论精选》一书中将西方翻译理论研究分为六大学派，分别为语文学派、诠释学派、语言学派、目的学派、文化学派和解构学派。

第二节 翻译的相关理论

一、功能翻译理论

（一）功能翻译理论概念解读

功能翻译理论兴起于20世纪50年代的西方翻译学理论之一，那时西方翻译领域较注重翻译文本的语义对等转换，而对语言的社会性和其他属性缺少关注，传统的翻译原则和理论很快就暴露了弊端，引发了有识之士的思考。语言学领域学者认识到单纯的语言翻译存在致命的弱点，难免造成歧义和词不达意的问题，因此，只有体现语言的文化和社会关系的译文才能打破以文本为中心的传统翻译方式。这时功能翻译派便产生了。功能翻译理论把重点放在语言文本的社会交际作用上，从全新的角度定义了文本翻译工作。主要可以概括为以下三个方面：第一，翻译后的文本一定要具有实用性和功能价值；第二，翻译后的文本虽然要和原文相互联系、相互对照，但是这种联系和对照并不是固定和死板的，它可以由翻译文本自身的作用来决定；第三，功能翻译理论认为在进行翻译工作时要考虑到主观、客观双重因素与条件。

（二）功能翻译理论的基本原则

在不同的翻译理论视角下，翻译活动会呈现不一样的特点，得出不一样的结果，达到不一样的目的，因此，我们要对功能翻译理论这一有特定翻译思想的翻译活动所要遵守的原则加以介绍。

1. 目的性原则

目的性原则是功能翻译理论最主要的原则，它主要包含两方面的要求：第一，目的性原则要能够适应大多数翻译文本的转换；第二，在特定条件下，目的性原则也要能够对特殊的文本转换得当，翻译得体。在功能翻译理论中，目的性原则一直占据首要地位，功能翻译理论认为翻译的过程脱离不了与上下文的语境联系，翻译的最终目的是要体现语言文本的目的，发挥翻译工作本身的价值。在翻译活动中，翻译文本本身就有不同的目的和作用，因此，翻译过程的重点和矛盾点也存在差异。比如，对同一个文本的翻译和转化侧重点不同，会导致翻译结果有较大的差异，如果翻译的目的是要真实地还原历史场景，那么翻译过程就需要最大限度地保留原文中的人物对话，添加对历史场景的描述，但是如果翻译目的的侧重点在于还原人物的情感和态度，那么译者就需要在翻译时对重点字、词、句加以艺术性的转化与表达。

2. 忠实性原则

忠实性和连贯性是功能翻译理论和普通翻译理论最为相近的原则，它要求译文要和原文本相互贴合，至少不能出现太大的出入。翻译工作者要学习特定词汇的表达方式，在不同的文化背景下对翻译原文进行完整的转化，也可以结合原文作者的个性特征和表达方式特点，体现翻译文本对原文本的忠实度。在这一基础上，功能翻译理论在运用忠实性原则时还是要以目的性原则为基础，如果两个原则发生冲突，要优先使用目的性原则。连贯性原则指的是译文需要连贯流畅，能够被正常阅读和理解，如果译文根本读不通，读者也无法理解其真实含义，翻译就失去了意义。

3. 协调性和实用性原则

协调性原则在功能翻译理论指导下主要是指读者、作者和译者三方之间的关系。翻译工作者本着认真、严谨的翻译态度使自己翻译出来的文本尽可能地忠实原文，增加翻译文本和原文内容的贴合度，满足读者的阅读需求，翻译内容必须涵盖原文的精髓之处，在各个翻译要素之间相互协调，加深译文和原文之间的关系，提高翻译方式之间的灵活切换。这一点主要被用在对英文原著的翻译中。在语言的润色和修饰上，翻译工作者要做到尽可能地保持原汁原味，例如，原文采用英文排比句，那么翻译文本也尽可能地采用排比句的形式加以表达，这种翻译原则体现了翻译的社会交际价值，提高了语言转换的准确率。实用性原则指的是翻译工作者务必要保证其翻译的文本真实有用，即能够被准确运用到特定的交际环境中。这就要求翻译工作者结合翻译文本使用环境，排除语言翻译过程中存在的障碍，充分体现对原文作者的尊重。实用性原则实现的前提是要求翻译工作者对原文的大概含义加以了解，提高翻译的实用价值。

（三）基于功能翻译目的论的英语翻译有效策略

1. 明确英语翻译的主要目的

在基于英语翻译目的理论的三项主要原则的要求下，翻译工作者在翻译英语时必须明确翻译目的，详细分析接受者的具体需求，之后再结合实际情况选择最佳的翻译手段与翻译方法，从而保障英语翻译满足接受者的需求。不同的翻译活动对应的接受者也不一样，因此，翻译行为也会受到接受者自身需求的影响，在接受者差异化的背景下，英语翻译也体现了多样化的需求特点。这就要求翻译工作者要合理划分接受者，明确不同接受者的层次需求，以保障英语翻译满足接受者的目的及需求。

2. 以翻译目的和接受者的能力为切入点

翻译工作者需要根据翻译目的和接受者的能力制定合理的内容，进而可以为接受者所接受和使用。例如，在对英语作品进行翻译的过程中，翻译者需要了解文本内容，站在艺术的角度翻译文学作品；在对英语科技作品进行翻译的过程中，则需要站在科学的角度，保障文章的逻辑性和科学性；在对商务公文进行翻译的过程中，要以短小精准的语言进行翻译，字里行间需要保持严肃性；在翻译英语电影作品时，则需要根据电影的背景、语言描述方法等进行合理翻译。总之，翻译工作者在实际翻译过程中，需要根据英语文本的特征、内涵等，结合接受者的需求对文章内容进行合理的翻译，保障翻译的准确性。比如，在对著名电影作品《狮子王》进行翻译的过程中，翻译工作者在对经典语句“Everything you see exists together in a delicate balance.”进行翻译时，需要充分考虑父亲与辛巴谈话的场景，并通过翻译表达出父亲对儿子的良苦用心，为下文辛巴性格的形成作铺垫。翻译者需要尊重译入语文化，在进行英语翻译时，需要对译入语有一定的了解，进而使翻译更加精准且符合原著，并能够被接受者更好地了解，从而使译文拥有准确性、可行性。在翻译过程中对译入语没有足够的了解，会导致译文无法实现翻译的目的。比如，在翻译“three-day weekend”时，如果对美国文化没有足够了解，就无法知道周六、周日、周一被称为“总统日”，而不是指“三天的假期”。因此，对译入语进行详细的了解，可以保证译文工作的顺利开展。

3. 在教学中强调“直译”与“意译”的合理使用

为提高翻译水平，翻译工作者需要以“翻译目的论”为依据，打破直译与意译的壁垒。在教学中，教师需要做好这方面的教学工作，切实增强学生的翻译能力。教师可以让学生应用直译与意译的翻译方法，对同一句英文进行翻译，之后让学生以“翻译目的论”为基础，探究这两种方法所产生的翻译效果，进而深化对这两种翻译方法的认识，从而选择合适的翻译方法进行后续的翻译活动。实际上，直译与意译的翻译方法都对翻译学习具有重要的意义，不能把两者割裂开来。教师需要做好翻译引导工作，帮助学生单独或综合应用这些翻译方法。总而言之，教师需要科学推进与直译和意译相关的翻译教学工作，以提高学生对这两种翻译方法的应用能力。与此同时，教师还需要把“翻译目的论”作为翻译的教学重点，避免学生随意选择翻译方法。

4. 在教学中克服翻译中存在的矛盾

在日常翻译教学活动中，应把诺德的“忠诚原则”纳入教学中，通过这样的方式解决翻译过程中译文和原文相矛盾的问题。尤其是在对一些古文和俚语进行英文翻译的过程中，应重点对中文著作中语言特点和大众对英文语言的审美进行平衡，将一些晦涩难懂的内容尽可能地简化翻译，同时使其不失原意，而诺德的忠诚原则就是最好的参考方法。首先，翻译者要对译文的读者负责，在翻译的过程中要以读者的文化背景为基础对文章进行翻译，并针对一些比较特殊的内容进行解释，针对一些文化禁忌和习惯应进行适当的翻译注释。其次，翻译工作者在翻译的过程中应以原作者的创作习惯和主要意图为基础，在尊重原文的基础上，完善翻译的方式和语气。从原则上来讲，在英文翻译教学中，教师应重视学生翻译的功能性和忠诚性，使学生在翻译的过程中以原作者的意图为基础，运用多种翻译手法实现阅读者和原作者之间的平衡关系，让学生的翻译能力和社会的发展需求相吻合，使简单的汉英互译实现质的转变。

5.“翻译目的论”指导教学的延展性

翻译并不是简单对相关内容的含义进行粗略加工，而是需要人们注意到原文、译文乃至读者这三者之间的潜在联系，在保证翻译内容通顺、遵循原意的基础上，满足多方面需求，因此，翻译也可被称为精细的语言艺术，优秀的译文不仅能够实现原文表达内容的全面转译，而且能提升作品本身的文学价值，扩大原文的影响力，帮助读者在阅读过程中达到更好的阅读效果。在开展日常英语翻译教学工作时，需要开展以“翻译目的论”为基础的教学指导，让学生能够从思想意识层面认识到翻译工作的开展能够有效满足受众对于译文的切实要求，让受众能够根据自身的文化背景、个人年龄乃至使用环境等因素，对译文的应用价值进行精准定位。学生需要以此为发展目标，翻译出令受众满意的译文，同时译者不能以“翻译目的为指导”开展翻译工作，不能丝毫不顾忌原文内容或忽略原作者的创作意图，译者需要认识到自身是原文与译文之间的桥梁，并不需要对译本进行深度加工创作，需要保证自身的翻译行为尺度。

二、关联翻译理论

（一）关联翻译理论概述

关联理论是于 20 世纪 80 年代兴起的认知语用学理论。该理论出自《关联性：交际与认知》（*Relevance：Communication & Cognition*）。这本著作从认知学科的角度出发，详细讲解了人类语言交际的发展过程。经过多年的研究，语言学家开始逐渐将该理论应用于翻译中，进而将其发展成为如今的关联翻译理论。关联理论表明，语言交际属于交流与认知的一个过程，其在实现时，需要以推理思维为支撑，并借助创新型语用学理念，创设出具有极强解释力的关联原则，再利用该原则解释自然语言理解中存在的语用现象。在进行英汉互译时，译者不仅需保证文章翻译的完整性，还需将作者创作时的思想意图精确地传达给读者。

在英汉互译的过程中，译者的主要目的是将作者的创作意图呈现给读者，而不是把自己对于事物及文章的理解体现在翻译中，因为这种翻译思想违背了英汉互译的目的，会使译者出现极大的思想偏差。因此，在开展翻译工作时，为了保证文章翻译的准确性，译者需要寻找最佳关联，以此解读作者的写作意图，并深入理解作者所要表达的情感，进而实现文章翻译的精准性，以及情感传递的明晰性。此外，在翻译过程中，译者需了解作者的写作风格、语言习惯及创作背景等，同时还需要分析读者的阅读交流习惯及文化背景。生活在不同地域的人的语言认知特点不同，在解析同一事物时，他们也会产生不同的理解。因此，译者应懂得灵活变通，在明确作者写作意图之后，结合译文服务对象的认知和语言习惯，进行科学、合理的转化，以此保证读者在阅读时能够从中获取相关信息，并确保该信息与作者想要表达的信息相一致。

（二）关联翻译理论在翻译实践中的应用

1. 表达作者创作意图

翻译的精准性是衡量英汉互译的指标，而能否准确地传达原文作者的创作意图与创作思想，则是判断译文质量的标准。在关联翻译理论中存在两个概念，即交际意图和信息意图。译者在对著作进行翻译时，如果两个概念一致，则可以采用直译的方式。以成语“惊弓之鸟”的翻译为例，该成语主要指被弓箭吓怕了的鸟。比喻受过惊吓的人，遇到类似的情况就惶恐不安。译者结合语境通过寻找最佳关联，可以将该成语翻译成“like birds afraid of the bow”，这样的译文，不仅可以将原文隐藏的内涵呈现出来，让读者理解其深层含义，而且间接提高了翻译水准。

2. 传递原文真实意图

译者在英汉互译的过程中，如果对语境的使用不恰当，会造成两种语言之间的关联性变小，进而无法实现语言和语境之间的关联，同时还会导致译文与读者之间的关联断裂，造成读者对文本的误解。在翻译时，译者常常会因为混淆从句结构，造成翻译错误，如“The boy who said he saw the thief walked into a supermarket.”，很多译者会将其译成“那个男孩说他看见一个小偷走进一家超市。”，而该句中“who said he saw the thief”实际上是一个定语从句，译者如果将该定语从句译为宾语从句，就会导致译文与原文想表达的真实意图存在巨大的偏差，进而使读者理解句意的难度增加。而该句正确的译法为“那个说他看见了小偷的男孩走进了一家超市”。此外，在翻译时，译者还需考虑中英思维习惯的差异，杜绝逐字逐句翻译，同时还需对读者的接受水平进行综合考量，在明确读者表达习惯的情况下，开展翻译工作。如在翻译“I shall not expect you until I see you.”时，大部分译者在不结合语境及目标读者阅读习惯的情况下，将其错误地翻译成“在我见到你之前，我不会指望你的”。这样翻译出来的句子不仅表达生硬，还会导致句子整体思维逻辑不明，致使读者不能精准地理解原句的真实含义。同时，这种充满翻译腔的“欧式英语”会影响读者对译文的判断，降低翻译水准。因此，译者在对该句话进行翻译时，可以将其译为“你随便什么时候来吧”，这样不仅能够通俗易懂地表达原句的意思，还能增强读者对该句话的理解程度。另外，译者在进行汉译英时，要避免采用“中式英语”的翻译方式。如将“知之为知之，不知为不知”译为“know is know,no know is no know”，这种翻译不但无法准确表达原文含义，还会使读者感到不知所云。在翻译时，受多种因素影响，译者可能会对文章所要传递的真实意图产生误解，进而造成翻译错误。因此，译者必须明确关联翻译理论的内容，并在此基础上开展英汉互译的工作。

3. 加强认知语境分析

译者如果想要通过一部翻译著作影响读者，吸引其阅读兴趣，就必须以作者和读者的视角完成对作品的处理，并明确融合“读者期待视野”。“读者期待视野”是关联理论中强调的一种关注“读者期盼”的翻译观。经验丰富的译者懂得在翻译时考量读者的认知水平及对文章整体的接受能力。因此，为了保证译文翻译的准确性，并且能够使读者理解文章的含义，译者在翻译实践中需要重点探究读者的认知语境。人与人之间的个体认知系统存在较大的差异，且有关知识的存储、认知能力及推理能力等都不相同，而这种差异也间接影响了译者的翻译实践。对于英语、汉语两种语言来说，英语读者在阅读汉语文章时缺乏相应的认知语境，反之，汉语读者也是如此。对此，译者应从读者的角度开展翻译工作，以此搭建交流与沟通的桥梁，并在翻译的过程中，探析译文与原文之间存在的关联，进而实现源语言与翻译语言的传递。

三、功能对等理论

（一）功能对等理论概念和内涵

1. 功能对等理论概念

美国语言学家、翻译家尤金·A·奈达提出了功能对等理论，功能对等强调翻译文本与原文信息一致，并要求形式一致。功能对等理论分为最高层次对等和最低层次对等。最高层次对等通常是理想上的对等，译者很难实现，而最低层次对等是最低翻译要求，低于这一要求的译文是不被接受的，奈达认为优秀的译文往往介于二者之间。奈达的功能对等理论更加重视读者对译文的理解和反应。

2. 功能对等理论的内涵

根据美国语言学家奈达的研究结果：功能对等实际上指的是翻译层次的对等，即结合原文的翻译内容实现原本理解程度与鉴赏力的差异化对等。其中译文应当与读者的理解层次保持对等，这样才能增加原文翻译的准确度。通常情况下，满足理解程度的对等难度较低，而对于审美价值的对等挖掘具有一定的难度。为了进一步实现译文的有效理解，应参照下述准则实施英译：第一，受文化背景差异影响，在对汉语进行翻译时，若直译后易引起误解，则应当对译文加以调整，或者给予必要说明，消除译文误解；第二，原文经过翻译后，若译文价值薄弱或者缺乏明确性，此时也应当保证译文的清晰化，注重注解的应用；第三，汉译英中汉语若出现难懂词汇，直接翻译会造成译文难以理解，这样很难突显翻译功能，此时可对原文进行改写式翻译；第四，在英译汉时理应对难懂词汇或者模糊词汇进行相应的联想；第五，译文应结合语法、语态进行诠释，应注重不同语言转换的合理性。

（二）功能对等理论下翻译的美学意蕴

美国著名翻译理论家尤金·A·奈达从语言学及翻译本质出发率先提出的理论是对当时已有翻译理论的一项重大突破，给予了国内外翻译界一个全新的翻译视角，暂时撇开源语文本与译语文本本身的争论与研究，而转向对读者感受或更高层次翻译美的追求。

奈达将翻译实践过程分为三个阶段，包括分析阶段、转换阶段和重组阶段。翻译如同将一辆木头做的自行车改装成铝合金材质的自行车，这就需要材料的替换，然而看似简单，实质却需诸多考量，一搭一配，每个零部件皆需要细细斟酌。首先，需要分析了解两种材料的优缺点，通过拆解原木质自行车充分掌握自行车的基本架构及目的用途等，即通过分析源语文本所透露出的各类信息如语言结构特点、文化背景、作者意图及外化影响等，进行分析和拆解，了解细节，统筹理解内蕴，将源语文本解析内化为自身所能运用的简单架构；其次，对应找寻可用于替代的铝合金制品，但并非一比一的复制，要考虑两种材料的特性，进行具有可行性的替换，即将源语文本架构向译语文本架构进行转换，如语言结构、语法形式及双方的文化异同等，但这并不是死板的结构或是单个词义对应，而是基于对双方语言的结构框架、迥异文化特点、文本意图等的充分理解，找出可以进行转换的词汇，架构或是理念，并非正确便是最佳，合适才是关键；最后，实现木制向铝合金制自行车的重组演进，得到新材质同样便捷或是更为便捷的自行车交通工具，即通过各项已转换的单一词汇、语法、框架或是观念等进行整体性的重组，统筹兼顾，胸有成竹，将已知源语文本化为重组译语文本，使得译文在感悟语义和读者感官上达到与源语文本的近似，从而达到功能上的对等。其理论主要立足源语文化，力求突破不同语言的阻隔，逾越文化鸿沟并消除源语与译语中的文化差异，寻求源语文本读者与译语文本读者的意蕴共鸣，使得译语文本读者得到与源语文本读者相同或类似的感受，情感上有所共鸣。而这也是翻译美学的重要展现形式。“意义为重，形式其次，”这就意味着除了最基础的表情达意，翻译的美学要上升到更高的境界，翻译谋求的是一种平等，更是一种共鸣与共情。不同语言之间达到一种文化共鸣、情感共鸣便是功能对等所追求的最高境界，也是古往今来翻译工作者所矢志不渝、苦苦探寻的翻译美学理想境界。所以，在功能对等理论下的语言翻译有着其独特的美学意蕴或是与美学的追寻相类似的步调。

四、翻译模因论

（一）翻译模因论的概念

翻译模因论最早出现在 1997 年，是由理查德·道金斯（Richard Dawkins）和 J. 维梅尔（J.Vermeer）两名科学家提出的。理查德将翻译论作为模因论的旁支进行研究，他想将翻译中出现的问题，用模因论完全展现出来，探究两者之间产生的规律，并对翻译模因论中的五种超级模因进行研究。这些模因的存在不仅需要满足时代的需求，还以不同的方式出现人们的视线当中，对事物不断地复制和传递，保证社会发展的需求，在这个复制的过程中，一些模因会随着传递慢慢消失在人们的世界里，比如，翻译理论无用、不可翻译的理论严重阻碍了翻译教学的发展，因此，逐渐消失在时代的强流中。理查德的指导思想将翻译模因总结为八个阶段。

（1）词语阶段（words）：这个阶段将翻译词的联系作为翻译指导。

（2）神域阶段（the word of god）：这个阶段主要表现在语法的形式和翻译上。

（3）修辞阶段（rhetoric）：这个阶段翻译模因核心思想发生较大的转变，由源语逐渐向译入语转变，并且要求翻译后的语言要保持流畅性。

（4）逻各斯阶段（logos）：这个阶段的核心思想是要求保证源语的风格和特色，主要针对语言翻译能力和文化创造能力。

（5）语言学阶段（linguistic science）：这个阶段的中心思想是对语言学知识的重视度进行加强。

（6）交际阶段（communication）：这个阶段主要实现翻译和参与者之间的配合。

（7）目标语阶段（target）：这个阶段将目标语作为主要行为规范及优先考虑的方向。

（8）认知阶段（cognition）：这个阶段对翻译思考方式进行重视，加强对翻译者决策阶段的研究。

（二）翻译模因论的核心观点

1. 翻译理论的价值

为了能够实现翻译理论的探究工作，理查德在翻译模因探究工作中加入了卡尔·波普尔（Karl Popper）哲学思想。按照 Popper 哲学思想，将世界分为三种哲学思想：第一种是客观世界，如桌子、椅子、凳子等；第二种是指精神世界，如人的意识、精神状态等；第三种是将前两种思想进行结合，如科学、诗学等。它们三者并不是独立存在的，而是有一种微妙联系的。翻译理论源自第二种世界，但要对事物进行复制，还要依靠第三世界的科学，而要想发挥出第三世界的真正作用，就要以第一世界中的事物为基础。因此，从这里可以看出，翻译理论是需要第一种世界、第二种世界、第三种世界相互影响才能真正实施，这也是理查德的重要思想依据：作为翻译模因，在传播过程中不可避免会对翻译者的思维和行为造成影响，但并不会对真正的实践工作造成影响。

2. 翻译习得规律

在提升翻译能力的过程中，理查德加入了达尔文进化论思想：个体发展（ontogenetic development）与种群发展（phylogenetic development）有效的融合。随着这个观点逐渐深入，理查德认为翻译者的个体思维发展与个体态度改变有着密切关系。在翻译模因传播过程中，要最大限度地探究相似程度，让学生通过学习翻译史，加强思想意识，改变自己对翻译模因的态度。翻译是一个不断犯错和发展的过程，学习者通过对一些资料的阅读、学习了解到翻译模因，发现翻译模因的发展规律，然后将其逐渐精细化，提高翻译模因的适用性和效率性，从而扩大翻译模因的传播范围，逐渐使自己拥有专业的翻译能力。

3. 翻译中的主体性

理查德的翻译模因论以社会学为基础展开，认为思想可以像生物基因一样进行传播和复制。他以这一思想方式为核心，推翻了传统翻译的传播方式，并认为翻译模因论可以像生物一样进行进化，在这一思想理念的引导下，翻译者不再保持对原文的翻译，而是对传播方式和传播信息做出创新，这样不仅为翻译带来重大改革，还解决了传统翻译观念落后的问题。理查德对翻译模因论进行了一种试探性的改革，如果能加强思考，就继续使用，如不能就选择放弃，这种试探性改革也会让人们对翻译有了更深入的了解。

五、错误分析理论

（一）错误分析理论介绍

错误分析理论是贯穿教学实践的建设性理论，它通过对大量实践实例的总结，科学有效地进行了错误解析。学习者的错误为研究人员提供了素材，研究人员通过解析学习过程中的错误，广泛搜集实践资料，针对学习者在学习过程中出现的问题进行详细解析并对症下药，解决问题。

1. 消极的错误看待观

对比分析理论是在行为主义理论的基础上发展起来的。该理论认为第二语言习得时出现错误的原因是母语的迁移。该理论对于语言学习者出现的错误保持悲观态度，因为该理论的建立以行为主义理论为铺垫，认为错误也是由于不当的错误习惯被强化而导致的，而这样的错误是该受到谴责的。很显然，这样的看法不够科学，也不够全面，它将错误来源仅限制于母语的干扰。因此，对比分析理论渐渐被主流抛弃，而在其启发下，一种更完善的理论——错误分析理论诞生了。

2. 积极的错误看待观

错误分析理论之所以被主流接受，是因为它对于错误的剖析更加合理、更加系统，且它看待错误的心态是相对积极的。英国语言学家彼德·科德（Pit Corder）认为应该正确地分析，积极地对待学习者的错误，错误是有价值的，这种错误可以暴露学习者目前的知识掌握程度，显示出应重点加强教学的薄弱点，为进一步的教学提供了切入点。

（二）运用错误分析理论分析汉译英错误的实例

1. 词汇层面的错误

原句："如果给男孩起乳名，家长通常会选择一个女孩气的名字。"学生翻译为："If a boy is given a milk name，often a girl's name will be choose."。"choose"在本句中作为一个动词，过去分词属于不规则变化，即"chosen"，因此，上面的翻译中出现的是动词不规则变化的错误，而在翻译过程中，这也是学生比较容易犯的错误。不少学生在对英语段落进行翻译时，经常会出现动词方面的错误，出现这一现象的主要原因在于汉语中的动词不会出现时态变化。因此，让学生充分掌握英语动词的变化形式，是翻译教学的一个重点，也是一个难点。

2. 语法层面的错误

原句："中国政府一直提倡'以人为本'的理念。"学生翻译为："The Chinese government advocated the idea that people come first."。由学生的译句可以看出，学生所运用的"government advocated"为一般过去时，而通过语境分析可知，此处正确的时态应该是现在完成进行时，即"has been advocating"。造成这一现象的主要原因是学生本身语法知识基础不牢固，进而导致学生在翻译过程中存在时态方面的错误。基于此，教师在对学生进行日常翻译教学时，一定要重视时态教学，引导学生掌握时间状语，有效应用时态副词开展翻译活动，减少时态问题导致的翻译错误现象。

3. 思维方式的错误

原句：“货款一支付，货物就会在你方便的时候送达。”学生翻译为：“The money is paid，the goods will be delivered at your convenience.”通过分析我们可以看出，在上句的翻译中，学生运用“The money is paid”来表示“货款一支付”。而句子的实际意思应该是“一……就……”，因此，在实际的翻译过程中，应当运用“Once the money...”来实现主句与从句之间的连接，这是学生存在的一个明显的思维上的错误。

第三节　翻译的标准与过程

一、翻译的标准

（一）翻译的“忠实”标准之争

从严复的“信、达、雅”到鲁迅的“宁信而不顺”，再到奈达的“对等”和“等效”，一直以来，翻译的忠实标准都被奉为金科玉律。在这个阶段的翻译研究中，原作者的地位始终凌驾于译者之上，译者是原作者和读者的“仆人”，译者最好“隐形”，并应使“译文透明得像一块玻璃，让读者感觉不到他是在读翻译作品”。随着构建主义的发展，文本的意义不再确定，译者有了解读的自由。勒菲弗尔（Lefevere）认为，“翻译就是对源语文本的改写”“改写即操纵，并为权力服务”。女性主义译者认为，要求译文绝对忠实于原文，就像是要求女性绝对服从男性一样，是不平等也是不公平的。有的学者认为译作可以超越原作，寒山诗歌在被翻译后风靡欧美就是一例明证。不过，在这一点上，有的学者持鲜明的反对态度，如王理行认为，为了展现个人才华而对原作大动干戈是“不可原谅的”。综上可以看出，译界始终对翻译的“忠实”与“创造”各执一词，翻译到底该在何种程度上忠于原文，至今仍没有一个统一的标准。

（二）中西翻译标准的共性

1. 共同的发展历程和趋势

首先，中西翻译标准的演变都经历了从“散论”到“体系”的发展。译者在翻译实践中领悟的碎片化标准逐渐形成独立的体系，并在交流中相互影响、共同发展，直到形成多元的翻译标准。虽然语言文化、社会背景、思维方式的差异导致中西翻译标准的论述角度和表达方式不同，但两者的基本内容具有一定相似性。

其次，中西翻译标准的演变经历了从感性到理性、从表层到深入、从片面到全面，即“从经验到科学”的发展过程。翻译理论和标准的发展都是从主观感性的经验主义到客观理性的科学主义。

再次，中西翻译标准的演变经历了从模糊到精确，即“从规范到描写”的过程。规范性的翻译标准指的是把翻译看作一种语言艺术，不因过分注重具体的语言翻译技巧而忽略两种语言所处的文化环境；而描写性的翻译标准则旨在讨论翻译起因和翻译的社会作用等。

最后，中西翻译标准经历了“从一元到多元”的发展历程。随着翻译实践的发展，翻译标准朝着专业化、可操作化的方向发展。此外，翻译标准的多元性发展趋势也得到了翻译界的广泛认可。

2. 对原文的忠实

中西翻译标准的演变在本质上具有相通性。无论是中方的“求信”，还是西方的“对等”，在本质上都是指译文应忠于原文。不仅如此，中西方翻译标准都考虑到了翻译所受的限制和译者具有的创造性。中西方翻译都经历了直译与意译、归化与异化之争，经历了从以原文本为中心到关注译入语文化、社会环境的过程。中西翻译界关于各类翻译标准的争论，实质上都是对“信”和“忠实”的不同理解。

3. 重视读者的反应和适应性

“忠实”是指译文忠于原文，“通顺”是指译文具有可读性。此外，在衡量译作质量时，译文读者对译文的反应也是重要的标准之一。20 世纪 80 年代，奈达提出的“读者反应论”传入中国，并在中国译论界引起强烈反响。实际上，中国翻译家马建忠提出的“善译论”就与“读者反应论”的观点类似。这表明中西方翻译标准都重视读者对译文的感受，强调译文文风应该适应读者的情况。

4. 重视译者的素质

在翻译活动中，译者作为联系原文作者和译文读者的中介，必须确保读者能够理解原文信息。在中西翻译标准中，译者的素质都具有重要的地位。奈达认为合格的译者应该通晓源语和目的语，具有广博的知识和写作能力，熟知两种语言的文化和社会背景。中国翻译理论也重视译者的素质。早在隋朝，名僧彦琮在其《辩证论》里就提出了合格译者所需要具备的“八条”，其中包括了译者的语言能力、吃苦耐劳的精神和谦虚治学的态度等。

（三）中西翻译标准的个性

1. 系统科学性

西方翻译标准相对于中国翻译标准而言，更具有系统性和科学性。例如，奈达的动态对等理论对“对等”这一概念进行了明确定义。相比较而言，严复的“信、达、雅”自问世以来引发了不少争论。例如，对于“雅”，有人将其理解为“古雅”，有人将其理解为“文雅”，还有人将其理解为修辞手段的使用。此外，中国翻译理论最初都以译作序言的形式出现，而西方翻译标准则有具体的理论体系作为支撑。因此，西方翻译标准更具有系统性、科学性。

2. 讨论范畴和特点

从中西方翻译标准的讨论范畴来看，中国古代翻译标准主要围绕佛经翻译展开，而西方翻译标准不仅讨论《圣经》的翻译标准，还探讨了文学作品的翻译标准。从中西翻译标准的特点来看：其一，中国翻译标准更简洁、抽象，但意蕴深远，具有延展性，而西方翻译标准更具有逻辑思辨性和可操作性，更便于译者运用；其二，中国翻译标准重视悟性，西方翻译标准讲究理性；其三，西方翻译理论更早采用跨学科方法联系其他领域的理论成果来研究翻译，翻译术语繁多、流派多样，因而翻译标准更加多元化。

（四）目前关于翻译标准的原则

随着经济全球化、文化全球化的发展，近年来翻译工作取得了较大发展。目前翻译标准存在下述五种翻译原则。

（1）“字意同译”原则，即翻译时要遵从原文进行翻译，保障原文表达的意义，不能文不对题，也不能南辕北辙。

（2）“框架保留”原则，即原文是什么句式、什么逻辑，译文也应当尽可能地与原文相似。不能说原文是五个小短句，译文用一个大长句来表示，要保留原文的形式。

（3）“风格保留”原则，即译文必须保留并反映原文的风格，原文若为“武侠”风格，译文就不能为“都市”风格，必须形神兼备。

（4）“时代特征一致”原则，即原文用了什么时代的语言习惯，译文中也应使用该时代的词汇表示。比如，对于19世纪的“desk”一词，将其译为“桌子”即可。若将其译为古时候的“案牍”或者现代的“茶几”显然是不合适的。

（5）“增删一致”原则，即原文中删除或增加某部分，译文也随着删除或增加某部分，整体逻辑结构和框架不变。

这五种原则反映了人们对翻译标准的理解。但随着现代信息技术的快速发展，学科交叉融合的不断深入，翻译学也呈现跨学科性和综合性，增加了翻译标准的构建难度。

二、翻译的过程

（一）理解

在整个翻译过程中，第一个环节便是要对原文进行理解。如果译者误解或者错解原文，无法透彻读懂原文，也就无法准确地对文章进行翻译，无法将原文内容完美地呈现给读者。而翻译的质量往往取决于译者对原文的理解程度。翻译首先需要做到理解透彻，切勿望文生义。

1. 认知语境在翻译理解过程中的作用

（1）认知语境观

在 20 世纪 80 年代传统语境充分发展并暴露它的缺点之际，1986 年法国的丹·斯珀波（Dan Sperber）和英国的迪尔德丽·威尔逊（Deirdre Wilson）在《关联性：交际与认知》一书中首次提出了“认知语境”的概念。认知语境的提出很好地弥补了传统语境观的缺点。因此，作者认为认知语境与传统语境不是替代的关系，而是互补的关系。他们认为认知语境由诸多事实构成，而这些事实已经内化形成一个人现有的认知水平，并有助于认知推理。根据斯珀波和威尔逊，语境是一个心理构建体（psychological construction），是听话者关于世界假设的子集，并以概念表征（conceptual representation）的形式储存在大脑中。而这些概念表征的集合就构成了认知语境。

（2）认知语境的操作

熊学亮在《认知语用学概论》一书中提出，认知语境的操作方法有知识草案（knowledge of script）、心理图式（psychological schema），并辅助以社会心理表征（socio-sychological representation）。他认为，知识草案最先被激活，心理图式在此基础上根据具体的情境而形成，最终社会心理表征在具体的社会背景中影响个人的语言表达方式和理解。社会文化因素会影响心理图式的形成与排列。社会表征的形成，并不一定依赖人的直接经验，语言本身起着至关重要的作用。大众传媒往往影响个人对某一现象的理解。社会心理表征是构成一个人的心理图式的重要方面，它反映社会或集体的意识对个人意识的影响。

（3）认知语境在翻译理解过程中的作用

译者的认知语境在翻译过程中起着至关重要的作用，而在翻译过程中又存在着四种认知语境的干预因素：源语说话者、源语受话者、译者、译语受话者。源语说话者的认知语境会根据源语受话者的认知语境而变化，而源语说话者的认知语境又会影响译者对源语的理解；同时译者的认知语境又会受到译语受话者的认知语境的影响。周红民认为认知语境在翻译中的功能有如下三种：挖掘文化内涵；逻辑推理；推导暗含。所谓“挖掘文化内涵”就是译者根据相关的认知语境挖掘出原文隐含的文化内容；“逻辑推理”则是在看似逻辑不清的文本或句子中译者利用自己的认知语境做出最合理的推理；而“推导暗含”是指译者理解说话者的言外之意。

除此之外，笔者认为认知语境还有互文推导的作用。互文性是极为重要的语篇特征之一，几乎没有哪一语篇中没有互文指涉。这也是译者在翻译理解过程所遇到的一大难题。如果译者的认知语境中没有储存相关的互文信息，那么原文的互文性就很难被译出，甚至无法被察觉。俄罗斯著名符号学家巴赫金将互文性分为“水平”互文关系（即语篇与语篇之间的互文关系）和“垂直”互文关系（即语篇与语篇规范之间的互文关系）。我们可以从认知语境的角度来分析互文指涉关系。在互文性概念中通常要涉及“前语篇”与“后语篇”的概念。英国学者 H.G. 威多森（H.G.Widdowson）指出“前语篇”包含以下两层意义：一个是客观存在的事物，它先于交际（语篇）而存在；另一个是交际动机或目的。而“后语篇”可以被理解为由“前语篇”引起的语篇。那么“前语篇”也可以被理解为储存在原作者大脑中的知识经验概念化、抽象化后形成的知识草案和由它激起的心理图式。原作者在表达某一内容时联想到另一些内容，反应在认知领域即原作者想表达的内容激起了与之相关的知识草案和心理图式，从而引出了另一些内容。无论是“水平”互文关系还是“垂直”互文关系都依赖原作者的认知语境。那么自然译者在翻译理解过程中，对这些互文关系的理解也依赖自身的认知语境。因此，可以说认知语境有利于互文关系的推导。在纷繁复杂的互文指涉关系中，从认知语境的角度来理解互文性更为准确，这样有利于从本质上把握“前语篇”与“后语篇”。如“十年映雪图南运，天池浚，兀自守泥涂清困。”（摘自《紫钗记》第二出）翻译为：“I've been studying hard for a good career，and my ambition is as vast as the ocean waves，yet now I'm still stuck in poverty and solitude.”（汪榕培译）。要理解第一句，就要理解“十年”和“映雪”的典故，“十年”出自元代高明《琵琶记》中的“十年寒窗无人问，一举成名天下知”。古代科举制分乡试、会试、殿试。

乡试三年一次，会试在乡试后的第二年，殿试在会试的同年。十年只是一个约数，形容古代读书人为谋取功名而发奋苦读。“映雪”出自《三字经》中的“如囊萤，如映雪”。典故说的是晋朝的孙康因家境贫寒，没钱买油灯，只好借大雪反光来读书。译者根据已有的知识草案在理解这样的互文典故之时激起的心理图式都是读书人为求功名而刻苦读书。而外国读者并无这样的知识经验来激活这一心理图式，所以译者在这里只是把原句的核心意义翻译出来，已达到使目标读者理解的目的。也就是说译者要根据中外读者不同的认知环境来选择具体的翻译策略，在这里译者选择了归化的策略，以目标语文化为归宿，使目标语读者理解并接受。

2. 翻译过程中正确理解原文的方法

判定翻译质量优劣，最重要的因素是理解。理解包括两个方面的内容：一是对原文的内容、风格、意境的理解；二是对译入语的词意、成语、典故的理解和运用，即驾驭语言的能力。对原文理解得越透彻，译文中的意思表达得就越准确。

（1）完整准确地理解原文，把握其思想实质并非轻而易举。因为这涉及对西方历史、社会、文化及风俗习惯的了解和掌握。中国和英国、美国等国家在社会环境、文化传统、风土人情等方面迥然不同，汉语和英语分属截然不同的语系，各有其起源和发展历史。因而，二者无论在思维、感情，还是在语言、修辞方法及习惯上均存在着明显的差异。有的时候，在英国人、美国人看来是顺理成章的事，在中国人眼里却成了难以理解的事，反之亦然。对中西方之间传统意识的表达方式差异的不理解，无疑会对段落，甚至通篇文章的理解产生不利影响。

（2）阅读和理解原作时，应仔细斟酌、推敲。在着手翻译一部作品之前，首先应尽可能地把作者的生存年代、历史背景及生活经历了解清楚。这样做对于理解原文大有裨益。其次再熟读原作。运用语言知识，努力把隐藏于字里行间的微言大义领悟出来。力求在下笔之前，能够使原文的内容含义、风格特点、人物性格了然于胸。遇到难以理解的语言点时，要勤翻词典和参考书，切忌望文生义。一个词往往不仅有其直观、表面、字典上的意义，还可以有情感上、内在、牵涉到联想的意义。有的时候，语言内在含义的重要性会超过任何语法形式上的重要性。这就需要通过对整段甚至整篇文章的阅读、上下文的比较、情境的对照来逐步理解、确定。例如，一个刚订婚的小姐向她的朋友展示她的订婚钻戒，说：“Isn’t it a pretty little stone？”对这句话，如果不注意上下文的对应，你能知道她是想夸钻戒好看（pretty）吗？有的时候，句型结构、语音语调、语气，甚至速度、节奏都会对文章内容产生很大的影响，善于从中分辨出细微的差别，才能充分体会到文章的精妙之处。

（3）只有在透彻理解原文词句的本义、灵活把握其衍义的基础上，认真斟酌出最恰当的汉语对应词，才能准确地表达原文的内涵。但斟酌汉语词汇的前提是准确理解和掌握汉语词汇的意思。否则，前面的努力就可能前功尽弃。一旦译文中出现词意游离、上下文相悖的现象，原因只能有两个，其一是对原文的理解存在错误；其二是对汉语词汇的形成发展，或者是内在含义理解得不透，因此，不能准确地表达原意。

在理解原文，或者是选择汉语对应词的过程中，既要灵活，更要掌握准确的标准。思维要灵活，确定时必须准确，二者相辅相成，相得益彰，切忌草率行事，须知语言文字有时可能会差之毫厘、谬以千里。例如，“Lock stable door when the horse is stolen.”这句话和汉语成语“亡羊补牢”貌似而神离，含义大相径庭。汉语含义是“犹未为晚”，而英语含义是“为时已晚”。翻译时如果对这个巨大差异不理解且又仓促落笔，其结果是可想而知的。再如，“show the cloven hoof”这个短语原本是“显露本来面目、现原形”的意思，但时常有人把这句话译成“露出破绽”。

由于英汉这两种语言在构词和表达方法上有很大差别，要做到既忠实原文的内容与风格，又要在表达时符合汉语的表达方法和习惯，的确不容易。遇到不易理解的章节时，需对其进行分解，将其分成尽可能小的单位，以求各个击破。然后，再运用所掌握或是能够得到的知识对其进行通盘考虑分析。分析得越细密，考虑得越全面，理解得就越精辟透彻，表达得也无疑就越准确，也就能够获得动态对等效果。语言的发展变化速度快，这就从客观上要求我们在理解过程中思维要灵活，视野要开阔，不能囿于某种理论或格式。古今中外的语言大师无不把语言文字当成一种活的东西来对待，他们对语言文字的驾驭似乎已经到了随心所欲的地步。例如，西方人习惯上把狮子当作是“勇敢”的代名词，可法国大文豪雨果却用了“像苍蝇一样勇敢”这样的比喻，这似乎与传统比喻方法相悖，然而当你读完全文之后，肯定会觉得这个比喻既贴切又生动形象，一种会心的赞叹会油然而生。

（二）表达

1. 处理好内容与形式的关系

任何文章都是内容与形式的统一体，内容的表达需要借助一定的形式，特定的形式往往表达特定的内容。这就要求译者既善于使用目的语表达出原文的内容，还要尽可能地保存其原有的形式，如逻辑层次、全文架构、作品体裁、修辞手法等，以达到内容与形式的完美统一。

2. 处理好直译与意译的关系

（1）从概念角度来区分二者的关系

直译出现于五四运动时期，它强调必须忠实于原文，以使翻译实现“达”和“雅”。直译就是要准确无误地翻译出原文的意思，不能随意删减或增加原文的思想或意思，甚至连原文的情感也要展现出来，如生气、开心或幸福等，同时还要保留原文的风格形式。直译常用于下面几种情况：①文学翻译；②科技资料翻译；③让学生能够了解这两种语言结构差异的外语教学。

意译则与直译不同，它只注重将原文的大意表达出来，只要译文能达意、流利即可，可以不保留原文的风格。由于英语和汉语是两门不同的语言，所以在翻译过程中会出现使用相同的表达方法也无法满足原文的要求的情况，所以我们只能通过不同的结构和表达形式来展现原文所表达的思想和内涵，以达到再现原文的效果，这种翻译方法就是意译。严复先生的《天演论》用的就是意译。意译有三个特点：①以目的语为导向；②用符合语言结构的目的语来表达原文的意思；③译文要注重通顺流畅，可以不用保留原文的结构。

（2）从应用方面来区分二者的关系

直译和意译各有优点。直译忠实于原文，但在有些环境下，使用直译翻译出来的作品在目的语中显得很牵强，这就是所谓的“死译”，这个时候通常需要意译。所以选择直译还是意译是根据具体的语言环境来决定的。但也有些常用的文体规则，如一些简单句和科技术语，还有含有修辞的句子的翻译，通常都是用直译的方法，如“angel”（天使）、“dark horse”（黑马）等。同样，许多汉语词汇也被翻译成英语，如“铁饭碗”（the iron rice-bowl）、“加油”（add oil）等。

由于英语和汉语存在着一定的语言文化差异，有时我们不能直接选择直译，而应选择意译。如“God’s love is truly boundless.”直译：“上帝的爱是真正的无穷无尽的。”意译：“上帝的爱更是真正的广袤无边的。”从以上译文可以看出，意译优于直译。而下面的例子则说明我们也可以同时选择两种翻译方法。如“Management by doing—this is the first,simplest,more primitive approach.”译为：“通过作坊式来领导——这是第一种、最简单、最原始的方式。”

从以上分析来看，直译和意译就是两种不同的翻译方法和手段，它们互为补充。所以在翻译过程中同时使用两种方法是很正常的。从以上例子还可以看出，英语和汉语之间虽然存在很大差异，但还是有一定的共同点的，这两种语言在内容和形式方面还是有一定的一致性，这就说明了直译存在的必要性。而英语和汉语又有着很大的差异，而这就是意译存在的原因。

第四节　翻译的要求与实质

一、翻译的基本要求

（一）翻译职业道德准则

由于翻译专业的特殊性，翻译人员在实践中会遇到各种困难。因此，翻译的职业道德和职业素养越来越成为翻译职业的核心。许多国家专业协会（行业协会）制定了行业成员职业道德守则，以维护个人和公共利益，保证翻译行业的质量和优势，维护社会对翻译行业的专业吸引力。

1. 能力

专业优秀的翻译人员不仅要有良好的语言技能，而且要有与语言相关的文化知识，即跨文化知识。熟练的翻译人员具有多种专业技能，其中最重要的是掌握两种语言的文化知识和技能，目的是了解从源语到目的语转换过程中的语义准确性和文化倾向。

为了提高翻译的服务质量，从业人员要不断学习和完善翻译相关的专业知识和技能，以达到更高水平。由于社会的各个领域的相关知识不断变化，翻译人员必须与时俱进、自我完善，以达到对各行各业的理解和相关知识的运用。

2. 保密原则

保密是翻译人员应遵守的最基本的原则。客户与翻译人员的关系是建立在信任和声誉基础上的，翻译人员有义务严格保密客户信息，原则上要求翻译人员将所接收到的和在翻译过程中获得的文件视为商业秘密。

3. 公正原则

翻译人员应遵守公正原则。公正意味着翻译人员应将自己所收到的一切资料视为同等重要，并应以公正的方式提供所有资料，不偏不倚地履行自己所承诺的翻译任务。独立判断意见是公正性的第一个关键要素。当多个客户要求专业协助时，客户应得到同等待遇，不应向不同的客户提供不同质量的服务。此外，译员不应接受超过服务费用的礼品或奖金，否则翻译的客观性和公正性就会受到损害。

公正的另一个要素是利益冲突问题。公正要求翻译人员在履行翻译职责时不受其他利益集团的诱惑，也不使用从其他方面获得的信息。译员应向客户披露所有已知或潜在的利益冲突，包括可能影响其判断或质量的因素。

4. 准确性

准确性是翻译职业道德的另一个表现形式。在翻译过程中把控语言的准确性是每个翻译人员的道德义务。准确性分为真实性和完整性：第一，翻译人员的译文不应对原文进行篡改或歪曲；第二，翻译人员应提供所有相关的信息，不可以遗漏目标信息中的相关信息，包括语言信息和非语言行为，如肢体语言。如果原始信息与原始标准信息不一致，就会出现“偏差”。翻译人员不应改变原意，不应增加或省略改变或歪曲原意的信息。

5. 诚信

诚信是所有行业的道德准则中必不可少的一个主题。保持职业操守对员工和职业本身都非常重要。诚信是一个广泛的主题，主要表现在履行职责的责任，以及专业管理和同事之间的关系。首先，翻译人员必须尊重翻译职业，热爱自己的工作，不断提高自己的价值观，采用与自己的道德和职业责任感相呼应的行为标准。翻译工作者在道德上有义务提高服务意识，保护公共服务。只有翻译工作做得好，公众才能对翻译人员的职业有信心，才能尊重其职业。

（二）大数据时代翻译职业的新要求

1. 需要具备扎实的双语基本功

翻译是一门艺术，是搭建两种语言文化的桥梁，如果翻译人员的翻译基本功不扎实，对基于互联网的大数据技术不够了解，那么在翻译过程中就会缺少理论与实践的结合能力，只能机械地对文本内容进行罗列，找不到各段落之间的逻辑关系，使得翻译出来的报告缺少情境性，与原文表达的意思相差甚远。因此，在大数据时代，具备扎实的双语能力是对一名优秀的翻译人员的根本要求。翻译人员要在平时的翻译工作中，多了解本企业或岗位的一些对外信息，掌握过硬的专业知识，在遇到烦琐的数据时，能够快速地识别有价值的信息，对原文意思进行传达，避免误译问题的出现。

2. 熟悉翻译技巧

在大数据时代，信息交流的畅通性比之前提高了很多，信息的更迭速度也比之前更快了，这就使得网络上翻译文本的类型和格式更加多元化。基于大数据时代的这个特点，翻译人员要根据不同的文本类型采取不同的翻译策略，使得文本在不拘泥于形式的情况下，具有一定的创新性。比如，翻译人员可以将重要信息单独列出，以重难点的形式进行排布，对于原文中的一些修饰语和过渡词等进行省略，让翻译出来的文本一目了然。同时，法律、经贸等文本有很多的专业术语及相应的翻译原则和技巧，这些文本往往比较严谨，在翻译的过程中要按照相关行业要求进行翻译，不能对其进行大幅度的修改。但是，在涉及文学作品的翻译中，翻译人员可以在理解其意思的基础上，适当地对文本内容进行修改，增加个人主观色彩，从而使翻译出来的文本生动有趣，具体可以采用增译法、省译法、转换法及正译和反译法等。

3. 适当增加知识面

大数据越来越彰显它的优势，其应用的领域也越来越多，如电子商务、O2O、物联网、智慧城市等，大数据与这些技术的融合，使其能够协助不同的行业快速地发展，创新运营的模式。在日常的翻译中，如果翻译人员不关注大数据技术的应用领域，不增加自己的知识面，就很可能对原文中的一些新概念理解不透，导致翻译工作遇到极大的困难。因此，翻译人员应该不断学习和积累，扩大自己的知识面，提升自己的知识水平，这样在遇到各种新概念和新文本时才能游刃有余，及时处理各种复杂的问题。除此之外，翻译人员也要根据自己的专业背景和所擅长的领域，选择自己从事的某个领域进行深入的研究，从而在残酷的翻译竞争环境中脱颖而出。翻译人员也要向周围的同事请教，通过开展各种自学、互学及展学活动等，积极主动地融入团队环境中，从而提高团队翻译的工作质量。

4. 善于进行调查研究

在大数据的引领下，各行各业的创新创造活动不断增多，各种新技术不断涌现，为社会的可持续发展提供了动力。翻译过程需要翻译人员不断学习，不断对翻译技巧进行摸索。随着互联网的普及，很多翻译工作甚至可以通过翻译软件来完成，这给翻译人员带来了极大的挑战，但是翻译软件翻译出来的文本逻辑性不强，而且对新概念的翻译经常出错。基于此，翻译人员要结合大数据发展动态，不断进行调查研究，学会利用互联网搜集查阅相关信息，利用中国知网、维普、硕博士论文库等对一些有研究价值的内容进行文献综述，帮助自己在遇到翻译困难时快速理解原文并找到合适的表达方式。翻译人员也可以利用翻译辅助工具对文本内容进行适当的排版，让文章达到专业的水平，符合相关客户的要求。在进行调查研究的过程中，翻译人员也可以另辟蹊径，如通过实地走访、网络问卷等对所需要的数据进行搜集，同时利用 SPSS 等统计学软件对数据进行分析，使得自己不仅能胜任翻译工作，还能为所在行业的发展提供支撑性的数据，全面提高自己的能力。

5. 重新审查校对译文

在大数据时代，信息瞬息万变，我们的生活节奏明显加快。翻译是一个不断完善的过程，不可能一蹴而就，如果翻译人员急于完成翻译任务，可能会出现很多错误。在翻译完成后需要重新审查并校对译文，尤其是对原文中涉及的数据进行整理和总结，结合最新的行业数据信息，及时更新思路，保证译文质量准确无误。完善译文不仅是对自己负责，更是对客户负责，需要引起翻译人员的注意。在审查校对的过程中，译员可以请教一些经验丰富的人员，也可以请外籍专家来帮助自己审查校对，对于发现的问题及时进行纠正，避免译文给客户造成不必要的损失。在提交翻译稿件的过程中，翻译人员要有高度责任心，在翻译遇到困难的时候，可以要求客户提供一些辅助性的技术资料，并注意这些资料的保密性，不向外传播，这样就能慢慢地得到客户的认同，两者之间建立起良好的信任关系。

6. 良好的心理素质

大数据时代的来临，让翻译工作机遇和挑战并存，不同行业对翻译工作也提出了更高的要求，如果翻译人员没有良好的心理素质，很难适应大数据时代下的翻译工作。翻译人员首先要保证良好的睡眠，适当增加体育锻炼，保持对翻译工作的热情和兴趣，同时要主动接受新任务、新挑战，在翻译中愿意接受复杂的工作，保持严谨的工作态度。同时，面对错综复杂的信息，翻译人员要有自信心，随机应变能力要强，注意对各种知识的积累，让自己能够灵活面对各种挑战，做一名合格的翻译人员。

二、翻译的实质

翻译活动是人类社会最古老的交际行为。世界上存在许多种不同的语言，为了克服不同语言人群之间的交际障碍，翻译活动（包括口译和笔译）发挥了重要的作用。无论是在政治生活、经济往来中，还是在军事扩张或私人旅行中，或者是在哲学、科技、文学和宗教的传播过程中，翻译行为都扮演了举足轻重的角色。可是究竟什么是“翻译”呢？从下面几本重要的词典对于“翻译”概念的解释中，我们可以清晰地看到人们对于“翻译”活动的理解有一个历史的演变过程。

德国1957年出版的《布洛克豪斯词典》第十六版对“翻译”的解释是“把一种语言的口语或书面内容转化成另一种语言”。1973年出版的《大英百科全书》对其解释是“翻译是用一种语言来表达另一种语言内容的行为或过程”。随着人们对于“翻译”这一行为的认识不断加深，不同词典对于“翻译”概念也有了更全面的解释。例如，1974 年出版的《布洛克豪斯词典》第十七版如此解释“翻译”：“把一种语言的口语或书面语内容（源语）转化为另一种语言（通过笔译者或口译者）。如果学术界通过统一的术语为翻译工作做好前期准备工作的话，例如，对于所指事物或想象归纳出明确无误的词汇，那么翻译过程中出现错误的风险就会减小。自由翻译或创造性翻译试图用另一种语言对原文意义进行重新创造。”1979 年德国出版的《迈尔斯百科全书词典》则对于笔译行为和口译行为做出了区别：“‘笔译’是用另一种语言复述一个文本。它是跨越语言界限的书面交际形式，与口译行为的即时和口头传播行为相反。”随着互联网的发展，网络词典对于“翻译”也有了自己的解释。例如，2005 年微软公司的“英卡塔百科全书”（Encarta）的解释是“翻译：把一种语言的信息转化为另一种语言。总体上看，翻译既指过程，又指结果”。在最新版的《迈尔斯百科全书词典》中我们可以找到如下解释：“（1）计算机语言学，即借助于计算机把一种自然语言（源语）的口语或书面语内容翻译成另一种语言（目的语）。通常区分为全自动机器翻译和由机器或电脑辅助的翻译。（2）语文学，即通过用另一种语言复述的方法书面介绍一篇文章的形式，并要考虑到特定的等值需要。翻译行为可以划分为跨语言翻译（从一种语言翻译为另一种语言）、跨符号翻译（把一种符号系统转化为另一种符号系统，如把文字转化为图形）、语言内翻译（把一种语言层级转化为另一种语言层级，如把古高地德语转化为新高地德语，把方言转化为标准语）。”

在德国翻译史上，翻译这一行为曾被赋予了各种各样的名称，如“转移”“复述”“仿写”“交流形式”等。不难看出，人们对于翻译者几百年来所做的工作从未有统一的认识。笔译和口译在不同的语言中有不同的名称。即使在同一种语言当中，这两种完全不同的翻译行为的概念在历史上也有很大的差异。例如，德语中的“dolmetschen”一词，现在泛指所有的口头翻译行为。但从历史上看，它的意义却几经变化。“dolmetschen”一词最早起源于公元前 2 世纪小亚细亚的米坦尼语的“talami”一词，后来该词演化为北土耳其语中的“tilmac”，意为“促使不同语言双方交流的中介人”。13 世纪时，该词通过匈牙利的马扎尔语进入古高地德语，成为“tolmetsche”一词。1530 年，德国宗教改革发起者马丁·路德（Martin Luther）写出了著名的《论翻译书》，在该书中“dolmetschen”只是指笔译行为。1813 年，德国哲学家 F. 施莱尔马赫（F.Schleiermacher）把翻译者的工作区分为两种：一种是为商业需要进行的机械性翻译；另一种是“科学艺术领域里真正的翻译”。

第二章　英语翻译教学的现状思考

本章主要内容为英语翻译教学的现状思考，首先，介绍了我国翻译教学的发展历程；其次，分析了英语翻译教学的现状，并根据英语翻译教学各方面的现状进行思考，提出改善当前英语翻译教学现状的具体策略；最后，对英语翻译教学的重要性进行了论述。

第一节　翻译教学的发展历程

一、20 世纪以前

晚清时期，清政府开展了洋务运动，并决定创办一批新式学堂。1862 年，京师同文馆在北京成立。它是中国历史上第一所由官方承办，以系统学习西方语言、近代科学知识为目的的教育和翻译出版机构。它的出现标志着我国近代外语教育的开端，在一定程度上也推动了当时中国外交、翻译事业的发展。京师同文馆的外语教学模式主要有以下几个方面。

（1）专业方向定位。清政府创建京师同文馆是为了“备翻译差委之用”“为边务储才……充象胥舌人之”。总而言之，京师同文馆创馆之初的目的是为清政府培养专门从事翻译事务的外交人才。学生入馆以后，前面几年主要集中进行高强度的语言学习，随后几年除进行大量的笔头训练以外，还要求学生直接参与政府相关外事部门出访、接待等外事活动。京师同文馆学生通过直接参与政府相关外事部门的出访、接待等活动，极大地提高了翻译实践能力。

（2）师资力量。京师同文馆在其长达四十余年的办学历程中，除少数课程由中国人担任教习之外，其他课程均聘请精通汉文的洋教习。洋教习在京师同文馆的教师队伍结构中扮演了主要的角色。从洋教习的专业和文凭方面来看，中国台湾学者苏精提到“京师同文馆前后五十名洋教习中，至少有十九名大学以上毕业生”。除此之外，从京师同文馆总教习丁韪良所写的《同文馆沿革》一文中可以得知，天文教习费理饬、生理教习布锡尔、英语教习傅兰雅、医学教习德贞及丁韪良本人共计五人具有博士学位，另外还有一名教习罗素具有文学硕士学位。丁韪良在其撰写的回忆录中也提及继任总教习欧礼斐具有硕士学位。从洋教习的工作经验方面来看，他们在担任京师同文馆教习之前，每个人都有着不同的从业背景。他们中有人曾经是传教士，有人曾经担任过外交官或翻译官，有人曾经是医生。京师同文馆在招聘教习时不仅重视外教在外语教学中发挥的积极作用，而且对所招聘教习的文凭、专业和工作实践经历也十分看重，以确保教习在教学过程中将外语、专业与实践结合起来。

（3）教学内容。京师同文馆主要有两种学制。第一种是五年制课程。这种课程是专门为那些年龄稍大且没有精力系统学习外语，只能依靠译文学习西方技术的学习者而设计的。第二种是八年制课程。它主要是为了培养高素质的外语人才而设置的，学习者主要通过学习西方原版教材获得相关的科技知识。

表 2-1-1　京师同文馆八年制课程规划与五年制课程规划表格

年次	八年制课程规划	五年制课程规划
第一年	认字写字；浅解词句；讲解浅书	数理启蒙；九章算法；代数学
第二年	讲解浅书；练习文法；翻译条子	数理启蒙；九章算法；代数学
第三年	讲各国地图；读各国史略；翻译选编	学四元解；几何原本；平三角、弧三角
第四年	数理启蒙；代数学；翻译公文	微分积分；航海测算；天文测算；讲求机器
第五年	讲求格物；几何原本；平三角、弧三角；练习译书	万国公法；富国策；天文测算；地理金石
第六年	讲求机器；微分积分；航海测算；练习译书	
第七年	讲求化学；天文测算；万国公法；练习译书	
第八年	天文测算；地理金石；富国策；练习译书	

（4）母语能力。京师同文馆除着重培养学生的外语能力之外，也十分注重对学生母语能力的培养。在其设置的课表中就有这么一句话：“至汉文经学，原当始终不已，故于课程并未另列。向来初学者每日专以半日用功于汉文，其稍进者亦随时练习作文。”在《同文馆章程及续增条规》中也明确规定：“学生有汉文未

能明晰者，著仍令归后馆学习汉文，午后再学洋文。”这些教育理念对于当今外语教学尤其是翻译教学仍具有指导性意义。

（5）理论与实践紧密结合。京师同文馆教学设计最显著的特点之一，就是将所学的知识与实践紧密结合。主要体现在两个方面：第一，京师同文馆一项重要的实践活动是翻译西方书籍。京师同文馆高年级学生的学习内容，包含“练习译书”及为总理衙门翻译“洋文电报”。通过这种方式，极大地提升了学生对所学知识的实际运用能力。第二，京师同文馆另一项重要的实践活动是口笔译实践。京师同文馆的办学目的之一是为政府外事部门培养翻译人才。因此，它为学生提供了多种实践机会，如随政府官员出国考察，或者参与外交谈判。奕䜣在《奏派同文馆学生出洋考察》中曾经提到“兹因总税务司赫德来臣衙门。谈及伊现欲乞假回国，如由臣衙门派同文馆学生一二名，随伊前往英国，一览该国风土人情，似亦甚便等语”。又据1895年的奉堂谕记载：“嗣后各国会晤。应派熟悉该国语言之同文馆翻译官及学生等一二人，在旁静听，以免洋员翻译参差。”

二、1912—1949年

1912年1月，教育体制进行了新的改革，形成新的学制系统。新学制规定有条件的高校可开设外国语课。以英语为主，并规定教学目的在于“通解外国普遍语言文字，具运用之能力，增进智识”。1915年，新文化运动全面兴起，各种教育研究组织和学会成立，其中5月份成立的全国教育联合会最有影响。这时，英语已经成为一门主要学科，提出了明确的教学目的和科学、先进的教学方法。高等外语教育也有了很大的发展，许多大学成立了外语专科（系）。1912年10月中华民国教育部颁布《专门学校令》，明确专门学校以“教授高等学术，养成专门人才”为宗旨；专门学校一般为国立，也允许私立；分法政、医学、药学、农业、工业、商业、美术、音乐、商船、外国语等学科种类。外国语专门学校分英语学、法语学、德语学、俄语学、日语学5科。令人遗憾的是，1913年，中华民国教育部颁布的《大学规程》中，为英语文学类规定的11种科目多为英美文学和语言学，没有翻译教学的内容。外语教学的方法除“语法翻译法”以外，还引进了国外的“直接法”“听说法”等，培养了一批外语人才。但无具体翻译教学的资料可考证。

延安时期的翻译活动是中共中央立足于战时的实际需要而产生的一种辅助思想宣传的，并在战争中争取国际话语权的一系列翻译行为。它作为宣传教育的有力工具和武器，在战时的政策宣传、外事外交中起着不可或缺的作用。

由于学习借鉴外国经验的需要和开展宣传工作的需要，延安时期边区外语学习比较自然地发展成一股风气，该时期的“世界语研究班”是研究学习外语的重要组织，拥有 100 多名学员。由于学习俄国革命和俄国经验的需要，如为了更好地学习马克思列宁主义著作和俄语文章，俄语成为延安时期的学习重点。除此之外，由于前线对日作战的需要和进行外事活动的需要，该时期还重点学习英语和日语。延安时期的英语翻译人才培养，主要通过建立外国语培训学校或者其他机构的方式来实现。该时期为了培养外事干部的外语能力，加大对英语翻译人才的培养，其中中央军委外国语学校、中央外事学校对英语翻译人才的培养尤为闻名。

中外记者团曾经于 1944 年到中共中央所在地延安展开工作，美军观察组也于该时期开始长期进驻延安开展军事观察工作。在那个特殊的历史时期，接待好美军观察组显得非常重要，中共中央明确指出接待好美军观察组是一项十分重要的外交工作，为此还专门组建了中共中央军事委员会外交事务组，并结合该时期中共外交事务发展的特点和形势的需要于 1944 年 7 月在之前重点学习俄语的基础上增加了英语学习，在俄语学校专门设立了英语专业，且将中共中央军事委员会俄语学校的名称改为“延安外国语学校”。学校名称更改之后，学校的教育教学内容也随之改变，英语学习和英语翻译人才的培养成为延安外国语学校的重要教学任务。同时，在俄语教学方面也得到切实强化。增强俄语师资力量，新调进俄语水平较高的教师，其中新调进的教师赵洵还曾经翻译过苏联文学名著《静静的顿河》，俄语教师队伍的整体素质得到了较大程度的提高。

延安外国语学校首任校长曾涌泉十分注重对师资力量的培养，除了切实加强俄语教师队伍建设，还聘请了许多有经验、水平高的英语教师，加大英语翻译人才的培养力度。延安外国语学校首任英语系主任浦化人就是一个英语水平极高的优秀教师。更名后的延安外国语学校为了强化师资队伍建设，尤其是为了强化英语翻译人才的培养，由中共中央组织部从中央机关中抽调了懂英语的工作人员到外国语学校担任英语教师，王大才、唐海、马牧鸣等人成为英语系的专职教师，除专职教师之外，还由中央组织部抽调若干教师担任兼职英语教师。中央组织部从各机关抽调的英语教师大部分有着十分丰富的外事经验和英语翻译经验，这些教师长期在一线从事英语翻译工作，极大地增强了延安外国语学校翻译人才培养的师资力量。

延安外国语学校对英语翻译人才的培养方面较为宽泛，在注重培养军事翻译人才的同时，还非常强调外交事务翻译人才的培养。更名后的延安外国语学校虽然在其归属上依然属于中央军事委员会，但其在培养军事翻译人才的基础上培养了大量的英语外交人才，这不仅较好地缓解了延安时期军事和外交翻译人才匮乏的问题，同时也为中华人民共和国成立之后外交事务工作中英语翻译工作的开展奠定了扎实的基础。该时期为了强化英语翻译人才的培养，学校制定了明确的教学方针、教学目标，让学生在一年左右的培训期中掌握初级的口译和笔译能力。而在实际教学工作中，由于具体工作的需要，许多学员在学校学习未满一年便陆续被分配到相关岗位上开展英语翻译工作，许多学生在外事部门工作。在延安时期被分配到外事部门工作的许多人员，在中华人民共和国成立之后直接参与了外交部的筹建工作。

三、1949—1976 年

中华人民共和国在成立后，相继建立了许多外语院校。由于历史原因，当时俄语专业最为盛行，教育部还明确规定培养翻译干部和部分师资是俄文专科学校的主要任务，学校分设翻译班和师资班，其中翻译班占 70 %，师资班占 30 %。当时英语专业并没有明确的分配。20 世纪 50 年代初期，外语学校的学生在听、说、读、写四个方面基础比较扎实，这与教学的侧重点有很大关系。然而，对于翻译，教师并不太重视，教学随意性强，没有专门的翻译教程，因此，翻译教学比较薄弱，学生“译”的水平不及“听、说、读、写”这四个方面。后来，许多学生认为学习翻译需要系统的学习翻译知识、方法和技巧，不掌握方法和技巧，仅以知识作为辅助练习不能满足培养翻译人才的需要，教师也逐渐认识到这一点。

1955 年 6 月，高等教育部召开了关于制定俄语专业统一教学计划的座谈会，会上拟定了三年制和四年制两份教学计划，并于 1955 年 7 月 15 日在全国颁发。三年制教学计划的培养目标是俄语翻译工作者，四年制教学计划的培养目标是俄语教师和俄语翻译工作者。这样，在培养俄语人才上有了统一的规划，这为进一步提高俄语教学质量奠定了基础。俄语专业的统一教学计划包括口译、笔译和翻译课程的学年论文。设置俄译汉与汉译俄的目的，是授予学生必要的翻译理论知识，训练学生实际的口笔译技巧，为将来从事教学工作和翻译工作打下良好的基础。四年制本科生还要进行翻译课程学年论文的写作，目的是扩大和巩固学生汉俄互译的笔译技巧，培养学生独立研究俄语语言现象中的某些问题，以及使用各种有关文件的初步能力，为将来从事翻译工作和教学工作做好准备。这反映了当时人们对翻译教学目的的认识。然而，虽然制定了统一的计划，但各学校的执行情况不尽相同，有些学校已经开设口译、笔译课程，但有的学校并没有开设口译课程。在教学工作研讨会上，许多专家还在讨论是否应该开设口译课。另外，1949—1956 年，东、西方语言的教学工作未得到应有的重视。从客观上说，中华人民共和国成立初期，我国对东、西方语言专业人才的需求量不大。1952 年开始院系调整，撤销或合并了大部分学校的英语系科，德语和法语系科也有所缩减。1958 年由陆殿扬编著、北京时代出版社出版的《英汉翻译理论与技巧》是我国第一部英汉翻译教材，标志着我国英汉翻译教学开始有本可依。1964 年 10 月党中央、国务院制定的《外语教育七年规划纲要》确定个别外语学院以培养翻译为主，而且是培养语言文学水平较高的高级翻译人才。这些政策的确立，说明国家当时已经意识到应该大力加强对高级翻译人才的培养。

四、1977 年至今

1977 年，我国恢复高考，外语院系的教学开始步入正轨。1979 年 4 月 12 日，教育部发出通知，试行高等学校英语专业教学计划和英语专业基础阶段实践教学大纲。计划规定“翻译”为专业必修课，这就正式确立了翻译课程在英语专业教学中的重要地位。当时，教育部根据新的教学计划和大纲，组织人力编写出版了统编翻译教材《英汉翻译教程》和《汉英翻译教程》，之后其他语种也相继编写了《俄汉翻译教程》《俄汉科技翻译》《德语口译教材》《德汉翻译教程》《法译汉教程》《日汉翻译基础》《汉日翻译教程》《日译汉教程》等一批翻译教材。这些是我国正式出版的系列统编翻译教材，它们对保证翻译教学的顺利实施起到了重要作用，自此翻译教学从无序状态逐渐进入有序发展状态。在此期间，全国召开了各种外语教学年会和研讨会。其中对翻译教学影响最大的是 1984 年 10 月西安外国语学院召开的英语专业高年级教学研讨会。这次研讨会对我国翻译教学产生了重大影响，直到现在，翻译教学的许多做法仍然沿用当时提出的一些方案。

自 20 世纪 90 年代以来，我国的改革开放政策不断深化。1987 年 9 月，大学英语四级考试首次实施，并开始在全国本科院校推行。1989 年 1 月，国家教委启动了大学英语六级考试。1992 年，一些高校开始实施大学英语专业四级、八级考试。1994 年，高等学校外语专业教学指导委员会颁布了与 TEM-4 相对应的《高等学校英语专业基础阶段英语教学大纲》和与 TEM-8 相对应的《高等学校英语专业高年级英语教学大纲》。《高等学校英语专业高年级英语教学大纲》还规定了学生的翻译能力，从质量、数量、口译、笔译、课程和教学目的等方面规范了翻译教学，提高对翻译能力的要求。TEM-8 应使考生通过英汉两种语言的对比，进一步掌握英汉翻译的理论和技巧。英汉翻译的题材与大学英语六级考级基本相同，但是在难度和速度方面有适当的提高。口译人员必须能对政治、经济、文化等进行概括性的介绍。这两个大纲都规定了翻译测试的内容，这些举措极大地促进了中国翻译教学的发展。

自改革开放以来，我国外语教学进入了前所未有的快速发展时期，各种翻译论坛或翻译教学研讨会积极开展，无论是培养翻译人才的学校或院系数量还是规范的翻译教材数量都大幅增加。从办学层次上看，翻译教学涵盖了专科、本科、硕士和博士的多层次教育。在这样的大好形势下，翻译教学从无到有，从无序到有序，取得了巨大的成绩。总之，这一时期，我国的外语教学得到了极大的发展，翻译教学也取得了显著的成绩，培养了一大批外语人才和专业翻译人才，对国家经济建设、外交政治等多方面都作出了巨大的贡献。

第二节　英语翻译教学的现状

一、英语翻译课程现状

英语翻译课程没有得到应有的重视，而是倾向于被边缘化和模糊化，这表现在两个方面。

其一，在当今许多高等院校中，大学英语翻译课程被设置为公共选修课，修课时限短，授课课时不足，再加上公共课学生数量多，课程处境十分艰难。在课堂上翻译实践无法有效展开，授课任务也往往难以完成，教学效果自然不尽如人意。对许多选修大学英语翻译课程的学生而言，课程结束后他们的收获也只是修到了一门选修课的学分，对自身翻译知识的掌握和翻译能力的提升并没有起到实质性的作用。

其二，即使在高校中把大学英语翻译课程设为必修课，翻译教学效果仍然不够理想。这些高校存在的一个普遍现象是，从事大学英语翻译教学的教师倾向于把英语水平和翻译水平画等号，认为学生掌握了英语基础词汇和语法知识，有了一定的听说读写能力，就能够从事英汉互译的工作，翻译水平就能得到提高。在这种思想指导下的教学活动，往往偏重学生对语法、句法等语言规则的学习，忽视翻译技能的传授，未能全面细致地为学生讲解专业且丰富的翻译知识和理念，更缺乏大量的翻译实践引导，学生的翻译技巧和综合能力难以得到提高。

二、翻译教学拘泥于传统教学模式

传统的教学模式以教师为中心，知识传播单向地由教师指向学生，只注重最终译文呈现效果，而忽视翻译过程中的交流与合作，难以激发学生的学习兴趣和主动性，学生课堂参与度较低，无法充分发挥学生的主体作用。

此外，传统教学模式侧重传授翻译理论知识，忽视实践教学和案例教学。翻译是一门强调实践性的课程，只传授理论不让学生进行大量的实践练习，无法有效提升学生的翻译能力和表达能力，也不利于对学生逻辑思维和创新能力的培养。而脱离案例教学或拘泥于教材中陈旧和不贴近现实的案例教学，实质上就是忽视了翻译的“实用性”，这样不利于对学习者运用能力的锻炼，这也是学习者与社会及企业难以实现良好接轨的重要原因。

三、学生个人英语翻译素质现状

（一）学生英语基础不够扎实

良好的英语语言水平是高质量英语翻译的重要前提，缺乏扎实的英语基础会导致许多翻译错误。作为构成翻译文本的重要成分，词汇的掌握十分关键。然而，当今大多数学生的词汇储备十分匮乏，甚至很多学生在告别了高中生活之后就放松了对词汇的学习，这种不端正的词汇学习心态进一步导致了学生在大学期间英语单词和短语的积累并无明显增长。另外，一些学生因为学习词汇的方式方法错误而造成词汇积累缓慢、学习效率不高，长此以往只会打击自身继续学习词汇的积极性且不利于词汇量的扩充。除词汇掌握不够充分之外，很多学生的英语语法知识也比较薄弱。英语语法规则繁多，许多学生在常年以语法学习为主的英语学习中早就产生了厌倦情绪，因此，更是厌烦在大学阶段仍需继续学习语法，但这种负面情绪只会影响学生英语语法水平的提升，这就是许多学生虽然可以顺利地译出由简单的单词构成的句子，可一旦遇到难度较大的句式时便会力不从心的原因。比如，学生在进行倒装句和条件状语从句等句式的翻译时，很容易出现错误。此外，学生的英语译文表达缺乏多样化也是英语语法功底不足的体现。表达方式单一、语言重复的译文往往可读性比较差。

（二）学生缺乏跨文化意识

一方面，学生不太重视对课外英语材料的阅读，知识面得不到拓宽，阅读量较小，容易把重心只放在对课堂内容和语法句法的练习上，这使得学生普遍缺少文化素养，导致学生对中西方语言及文化差异认识不足，在翻译过程中虽能翻译词句，却无法理解和准确表达历史、文化等背景下的内涵。且由于缺乏跨文化意识，学生易被汉语思维束缚，在翻译实践仅以汉语语言规则及习惯思考，易产生不准确的推论，给翻译造成障碍。

另一方面，从事大学英语翻译教学的许多教师没有意识到跨文化意识在翻译教学中的重要性，没有积极指导学生增强跨文化意识或引导方式不够科学合理，造成学生跨文化意识薄弱，在翻译实践过程中容易忽视语言背后重要的文化因素。

四、英语翻译教学师资队伍现状

进入 21 世纪以来，为了顺应时代的发展，满足全球化背景下我国对语言服务的需求，我国接连做出了创建翻译学士与翻译硕士学位点的决定，翻译学科建设也由此进入快车道。市场对翻译人才的需求也促使一大批教育工作者加入了翻译教师的队伍。翻译教师这个岗位要求教师储备一定的翻译理论知识，从事过大量翻译实践，对翻译问题有深刻的认识，能够在课堂上旁征博引，深入浅出地讲解翻译问题，引导学生对翻译问题展开讨论，用翻译理论指导翻译实践。目前，虽然有很多英语专业或翻译专业的研究生及本科生毕业后进入翻译教师的队伍，但是很多人对于翻译教师在课堂中的身份问题存在认识偏差，主要表现在两个方面。一方面，有的教师认为翻译课堂应该多学理论，因此，将自己所学理论一股脑地“满堂灌”给学生，殊不知理论学习往往枯燥无味，且没有大量实践作基础，理论灌输只不过是空中楼阁。这种以教师为中心的角色定位导致教师成为理论的机械输出者，学生成为理论的被动接受者，最终的教学效果可想而知。另一方面，一些教师走向了另一个极端。他们十分重视实践，在任务型教学模式备受推崇的今天，认为翻译课堂就是要进行大量的实践，期待学生通过量的积累形成质的飞跃。他们认为自己在课堂中的角色就是简单地布置任务，对任务不加筛选，对任务目标不加规定，对任务环节不加设计，这种“放羊式”的教育最终是失败的。

五、英语翻译教材现状

目前，国内英语翻译教材的编写体系缺乏科学性。主要表现为引入翻译理论的方式不够科学，翻译理论与翻译实践联系不够紧密。有些教材使用大量篇幅来引入翻译理论，选用能够说明这种理论的译例却很少，无法满足学生对翻译理论的理解和进行翻译实践的需求。有些教材过于重视翻译实践，技巧讲解过于烦琐，缺乏理论引导。书中使用大量篇幅介绍翻译技巧，理论阐述却轻描淡写，极为薄弱。翻译技巧划分过细，译例大量堆砌而不加以解释，使得这些翻译技巧在指导翻译实践上可操作性不强。并且译例的难易程度相差极为悬殊，有些译例太难，学生即便是使用这些技巧也很难译出文章；有些译例过于简单，不用这些技巧，学生也能轻而易举地完成。这些情况都违背了理论联系实际的教材编写原则。

译例的选择直接影响着翻译教材的教学效果。因此，翻译教材所选译例应该与时俱进，满足时代和社会的需求。然而，随着时代的变迁和社会的发展，许多教材所选译例过于陈旧，虽然一版再版，但并未与时俱进地更换教材中陈旧过时的例句，因而导致教材缺乏创新。不少教材在引用例句时还存在雷同现象，读起来千篇一律，索然无味。尤其是随着互联网技术的进步和完善，计算机辅助翻译技术得到了很大发展及广泛应用，同时翻译语料库的建立更是大大地提高了翻译效率和译文质量，而这些内容在许多比较优秀的英语专业本科翻译教材中却只字未提。这样的翻译教材显然跟不上时代的步伐，在某种程度上会影响翻译教学的效果，也会阻碍翻译学科的发展。

翻译学科性质的特殊性要求在编写翻译教材的过程中选用大量译例来帮助学生学习和掌握这门技能。因此，译例的选择十分关键，教材中选用的译例应该具有代表性，能够说明某一翻译技巧或相关翻译知识，从而启发学生，给学生做出正确的引导。然而，有的翻译教材所选用的译例缺乏针对性，并不能恰如其分地说明问题，甚至东拼西凑，只是简单罗列而未加点评。即便有稍许点评，也不够深入，过于简单，使学生不能充分理解。还有的教材对翻译练习不够重视，练习题设计不够合理，形式单一。所选材料比较局限，难易程度参差不齐，对于某些比较难的练习，只是给出了答案，并没有解释原因。学生在看完答案之后，仍然似懂非懂。这样的练习不但不能促进学生对翻译技能的掌握，还会打击学生学习这门学科的积极性。

翻译教材中译例缺乏易读性也是值得注意的一点。谈到教材的易读性，打印错误可能最让读者难以理解。有的教材在校对过程中不够认真，有明显的打印错误。例如："bright" 打成了 "bight"；"dog eat dog" 中间缺乏连字符；"by hook or by crook" 写成 "by book or by crook" 等。这种低级错误的发生让读者感到这样的教材粗制滥造，编写者治学不够严谨，严重影响教材形象。有的教材排版不够合理，把译例放在正文中，通篇字体一样，不突出重点难点，使学生读起来非常吃力。还有许多翻译教材存在不同程度的漏译、误译等问题。而这些问题在修订版中并没有加以改正。此外，有些翻译教材在引用时并未标明出处。教材漏洞百出，不仅起不到正确的引导作用，还会严重误导学生，理应予以改进。

第三节 英语翻译教学的思考

一、明确翻译教学目标

英语翻译教学需要对教学研究予以强化，结合大学英语教学翻译的实际市场化需求来统筹细化完善教学目标，科学设置英语翻译教学内容，保证教学内容具有较强的指导性和针对性。大学英语翻译教学的目标是为社会培养更多高层次的翻译人才，要将强化学生翻译实践能力落实到教学目标和教学任务中，在实际教学过程中，教师需要不断优化和革新自身的教学观念和教学方法，注重在培养学生翻译能力时提升学生的业务素质和综合技能。

二、编写出版适宜的翻译教材

纵观英语翻译教材存在的问题，笔者建议从以下几个关键点着手进行改革和创新。

（一）体例编写遵循开放性和灵活性原则

翻译教材编写要围绕培养学生英语运用能力、文化交流能力、自主学习能力三大目标，摒弃以知识传递为主、测试主导教材的编写原则，立足学生的实际水平和未来职业需求，多调研，多思考。比如，翻译属于汉英双向的信息沟通活动，翻译教材的案例编写方式无须拘泥于汉译英、英译汉、笔译、口译的形式和出现顺序，可根据任务的具体流程进行综合编排。例如，设计一个贸易展会的翻译案例，包括三个阶段：（1）企业与产品的网页与展位宣传阶段；（2）贸易洽谈阶段；（3）签订合同阶段。在编写中第一阶段可以设计汉英笔译任务，学生首先学习汉译英的策略，然后针对企业与产品的对外宣传进行翻译和再创作；第二阶段与外商主要是通过邮件联系，所以设计商务笔译活动（英汉互译），让学生学习基本的商务流程翻译（询盘、报价、还盘等）；第三阶段设计电话沟通或者面对面的口译活动，让学生在项目学习中完成翻译知识、技能和策略的构建，并且能够学以致用。在教材体例编写中，一定要注重教材编排模块化和系统化，构成一个视野开阔、内涵丰富、联系紧密的体系。

（二）编写理念强化对翻译过程的关注

针对传统教材重视翻译结果、轻视翻译过程的弊端，教材改革要秉承以翻译过程为导向的理念，注重从思维、认知、文化、文体、美学诸多角度来分析翻译过程和翻译方法，阐释在翻译实践中遇到的各种现象。要以构建主义为指导，不能仅仅给出参考译文，而是要在教材中描述和解构翻译全过程，增加译文评析、译者注释、译文比读、译后反思等内容。这样做有利于让学生在翻译过程中培养译者主体意识，领悟翻译中的认知成分，内化翻译原理和技巧，体验翻译的艺术魅力。这些对学生克服机械翻译症，发现问题并总结翻译规律，提高自主学习能力大有裨益。此外，翻译不仅是科学，也是艺术。好的翻译作品应该给读者美的享受。因此，翻译教材在选材时应尽量选择一些在遣词造句、风格意境、韵律节奏等方面都具有美感的典型译例。这样不仅可以激发学生的学习兴趣，还可以激发他们的审美想象和情感，使他们体会到翻译作为一门艺术给人带来的愉悦和快乐。同时，也可以达到理想的教学效果。

（三）材料选择多元化，具有时代感和中国文化元素

社会语言学研究发现，内容制约并决定语言形式。语言交流的话题、对象、场合和手段决定语言形式的选择。因此，题材和体裁越丰富，学生语言的运用也就越全面。翻译教材要摒弃以文学素材为主的传统做法，广泛取材，丰富体裁形式。同时，材料选取还要呈现多元化视角，涉及世界各地文化、风俗及价值体系，帮助学生拓宽视野，培养文化敏感度和包容度。要注重选取富有时代潮流和气息的材料，以激发学生的学习兴趣。比如，在设计职场相关的翻译内容时，资料可以是编者博览群书得到的前沿性的科研成果、在互联网上搜集的职场的最新动态和技术资料、慕课（MOOC）里面的精彩章节，还可以是与教师的翻译项目相关的内容等。文化自信则国自信，语言强则文化强。教材编写者要积极响应党中央从中华民族伟大复兴的高度提出的“坚定文化自信”“讲好中国故事”的号召，在教材中增加中国文化的比重，发挥大学英语教材的育人阵地作用。比如，每个章节均有几篇与中国文化相关的文章，使学生认真汲取中华优秀文化的思想精华，向全世界弘扬“仁者爱人”“和为贵”“天人合一”等中华传统思想文化；增加对

大众喜闻乐见的中国古诗、典籍、传说的译文赏析和翻译策略品鉴；大力倡导翻译中语言层面所包含的中国元素，即词汇、句子、篇章等方面所表现的中国表达，通过汉化策略来体现中国语言文化的特点。

（四）教材形态契合“纸质 + 互联网 + 移动媒介”的立体化形式

学生是教材的最终使用者。因此，着眼于学生的特点和需求开发教材是保证教材研发成功的关键。目前大学生热衷以手机、平板电脑为媒介的移动学习，喜欢互动、体验和分享。要根据学生心理，利用现代信息技术，使翻译教材从纸质、平面的模式向立体、多元、互联、碎片的数字化模式迈进，打造由纸质媒介、PC 媒介和移动媒介共同构建的立体化开放式的互动教材。比如，可以在教材中设置二维码，扫一扫这些二维码就可以直接进入网络翻译课堂，完成在线签到、资料学习、交流互动等活动；将文字、图片、画廊、音频、视频放在一个场景里实现沉浸式学习；学、译、测在一个场景里完成，学生可以随时发起讨论和译作分享，与教师互动，与全国学习同本教材的学生分享交流；搭建网页版和移动版的应用客户端，方便学习和交流；学生每一次学习行为都被详细记录下来，包括学习时长和进度，从而帮助教师开展教学管理与分析。在教学课件方面，可以借鉴外教社 2017 年推出的 TOP 课件的形式（teaching operation planner），“所见即所教”，实现纸质教材和数字产品的深度融合，适应并引领新时代英语翻译教学模式的改革。

三、更新翻译教学模式

翻译教学的核心任务是培养学生的翻译能力和强化学生对翻译的认知。关于翻译能力，刘宓庆先生做过较为明确的论述。他将翻译能力分为五大方面：语言分析和运用能力；文化辨析和表现能力；审美判断和表现能力；双向转换和表达能力；逻辑分析和校正能力。大学英语翻译教学，可以将翻译理论与翻译技巧穿插在翻译实践之中。英汉互译的方法有许多种，教师应该把基本的方法介绍给学生，以提高学生的翻译能力。常用的翻译方法有直译法、意译法、直译意译结合法、增译法、删略法、词类转换法、长句拆译法、替代法等。这对教师提出了更高的要求。教师首先要努力丰富自身的翻译理论和技巧知识，这样才能有效提高翻译教学的水平和效果。翻译理论的指导性在于减少实践的盲目性、因循性，从而提高科学性、功效性。中国的许多翻译理论都是从翻译实践中得来的宝贵经验，对于指导实践十分有效。同时，许多国外的翻译教学理念也为国内的翻译教学提供了借鉴。在翻译训练的体裁上，除了传统的文学翻译，还应加大应用文翻译的比重，包括科技论文、政府文件、新闻报道、商贸信函、产品说明书等。在教学过程中，以学生的需求为中心，使教学内容多变，教学方法灵活、多样，最终使学生在整个学习过程中主动且积极地掌握翻译的基本理论和技巧，提高自己的翻译能力。21 世纪是一个国际化的高科技经济时代，讲授各种实用文体的翻译技巧，对振兴我国的国民经济及对培养和造就大批科技人才都具有十分重要的现实意义。在实践中，教师应摒弃传统的“老师讲解多，学生实践少”的模式，取而代之的应是“精讲多练”的教学模式。翻译能力的提高离不开大量的实践练习，在课堂上教师应充分调动学生的积极性，努力培养学生的独立思考能力。同时，要引导学生自主学习，让学生利用课余时间进行翻译实践。

四、实现英语翻译教师身份的转换

（1）教师必须站在一定的高度，为课程的整体规划和设计构建蓝图。教师需十分重视教学大纲及课程设置，需对自己的教学目标十分清晰。这里的教学目标除学生对知识技能的掌握之外，还需考虑对学生人文素质和思辨能力的培养。在总体设计和规划的基础上，对每一次课的内容、课与课之间的衔接与循序渐进，进行精心的设计与安排，使得学生在螺旋式上升的过程中逐渐掌握翻译技巧，了解翻译理论。在课程的总体设置上，教师需对文学文本与非文学文本并重，不能为了应试而一味地选择某一种类型的文本。文学文本是翻译的最高境界，也是学习的极好素材，课堂上对散文、诗歌等的翻译进行赏析和讨论有助于夯实学生的语言功底，培养学生的审美情趣。但是教师也应意识到，在走上工作岗位后，大多数学生接触到的将是企业宣传、产品说明、商业合同等非文学文本，课堂上开辟专门的章节对商业文本翻译、旅游文本翻译、科技文本翻译展开讨论，对于提升学生的翻译实践能力是十分有必要的。

（2）在课堂上，教师是学生学习的指导者与协助者。教师每次课前准备的教学材料需契合每次课的教学目标，在发放教学材料、布置教学任务时，需要把握好任务的完成时间、难度，需要明确任务的展开形式。例如：到底是单人任务还是小组任务，如果是小组任务，需要几名学生为一组；任务完成的时间；是采用“拼图式”的任务完成方式还是采用独立完成然后互评互审的方式。进行详细说明，以保证活动的开展井然有序，学生不会感到茫然无措。在任务开展的过程中，教师作为协助者可参与到学生的讨论之中，实时监控任务完成的情况，维持课堂纪律，对有困难的同学给予帮助，对有问题的小组加以调整等。教师需要十分敏锐地观察每个学生参与活动的情况，以组内轮换的方式，尽量使每个学生都有担任组长和站起来发言的机会。

（3）教师需对课堂任务及课后实践任务展开评价。及时有效的评价是促进学生学习的重要动力，也是检验教学成果的关键环节。评价的方式至关重要。教师在总体评价的基础上，最好能够提供评价细则，如对学生的译文可以从词汇、句式结构、语篇衔接、技巧运用等方面展开详细评价，使学生对自己译文的优点与不足一目了然。教师还可以利用翻译教学平台向班级学生展示优秀译文，提升学生的翻译自信，从而达到互相学习进步的效果；也可以向学生展示多篇译文，让学生按照自己的理解就不同译文的优劣展开评价。另外，教师还可以组织学生进行自我评价及生生互评，同样需要评价细则，让每个学生的评价有理有据，也让评价过程变为学习和提升的过程。

（4）英语翻译教师还需要创造条件，指导学生开展“第二课堂”活动。教师可联系当地比较有实力的翻译公司，搭建校企合作平台，组建翻译工作坊，组织一批学生参与到真实的翻译项目中。例如，带领学生参与公司的具体翻译项目。在指导项目开展的过程中，教师的主要工作是对学生展开培训，对学生的翻译进行指导与监督，保证最终的翻译质量，确保项目的顺利推行，还可以定期开会进行讨论，了解学生在项目开展过程中的心得。在项目的实际开展过程中，学生的积极性得到了最大的调动，也对许多翻译问题产生了直接的认识，学生的翻译水平能够在最短的时间内得到最快的提升。因此，“第二课堂”活动的开展对课堂教学进行了很好的补充，值得学习和推广。

最后，除做好课前课后的辅助、指导及评价任务之外，教师还需重视自我学习与提升。翻译教师需意识到自己的不足，在教学的同时意识到自己作为长期学习者的身份，重视自身的能力提升与职业发展，将语言学习融入自己的生活中，既要养成阅读英语的习惯，又要重视母语的持续输入。在日常生活中，观察和发现有趣的语言现象，广泛涉猎，不断地拓宽自己的知识面。在教学过程中，注重对教学方法和教学效果的反思，重视翻译理论的学习与研究。

五、翻译教学中学生跨文化意识的培养

在当前全球化的背景下，国家间的沟通交流越来越频繁，我国对翻译人才的要求越来越高，数量需求也越来越大。翻译不只是语言之间的相互转换，也是国家文化之间的交流，有利于促进文化的传播。语言是文化的结晶，不同国家通过

语言翻译可以促进彼此文化和贸易之间的来往。翻译与文化是相辅相成、密不可分的，想要成为一名优秀的翻译人员，必须有较强的跨文化意识和能力。翻译教学是英语教学的一部分，对于学生语言能力的培养起着重要的作用，英语教师应对此给予重视。然而，从当前的英语翻译教学课程来看，大多数教师忽略了文化这一因素。文化具有多样性和复杂性，只有在跨文化的视角下，才能使学生的英语翻译能力得到不断的提高。

（一）翻译教学中文化因素渗透的重要性

在不同的地域环境中，因文化起源不同，人们的生活方式和风俗习惯也存在着一定的差异，这样便将各个民族语言的独特性充分凸显了出来。尤其是两个完全不同语系的语言，它们在发展过程中的差异更大，全面了解这些差异，能够帮助学生更加深入地学习和理解英语文化。

1. 思维模式的差异

通常文化认知将在一定程度上影响人们对外界事物的看法，而在不同的文化背景中，人们的思维模式也存在着较大的差异。只有对这些文化差异有一个全面的认知，才能够在跨文化交际的过程中避免产生交际失误，如隐私方面。其中，大部分中国人的隐私观念非常薄弱，但集体观念较为强烈。然而，西方人在生活中则着重强调个人的隐私，并不会过多地向别人提及自己的私事，也不愿意别人过多地进行干预。例如，当我们在路上遇到以中文为文化背景的熟人时，相互之间为了表示礼貌，人们便常常会问“你要去哪儿呢？”“中午饭吃了吗？”这样的问题。但是，当我们遇到以英语文化为背景的人时，如果问他“Where are you going?”，这样问很容易让对方感到不适，甚至还会让他认为你在干涉他的私人生活。因此，不同文化因素造成的思维模式差异使人们难以深入理解英语文化的内涵，这不利于增强英语翻译教学的效率。

2. 价值观的差异

不同的文化通常有自身独特的价值体系，这也是指导人们区分美与丑、好与坏的一种非常重要的道德标准和处世哲学。其中，价值观的差异是不能够脱离文化而独立存在的，如对赞美和恭维话的反应不同。尤其是在中国传统文化的发展过程中，谦虚是人们所具备的一种美德。在西方国家的交际中，赞美语和恭维语的使用频率非常高。例如，在西方国家中，当面称赞女士的长相或者是衣着，将会被认为是一种很有教养的表现。

3. 行为规范的差异

在不同文化背景下，人们常常在相互交际的过程中以自己的社会行为规范标准去评判对方行为的合理性，但通常不同文化背景下的行为规范标准存在着较大的差异，所以很容易让人在相互交往的过程中产生误解。

（二）英语翻译对中西方跨文化交流的意义

由于我国市场的迅猛发展，加上国际交流的日益频繁，有更多的行业提高了学员对于英语翻译管理工作的关注程度，而英语翻译兼职也变成了当前学员兼职中收入金额最高的职位，由此可见英语翻译管理工作的重要意义。语言作为人类主要的沟通介质之一，是人类主要的文化与社交介质，而语言又与人类生活发展环节、生存方式等各方面都有着密切联系。在跨文化交际的英语翻译中，唯有精准把握世界各地区的文化风格和文化特征，才可以真实地呈现各国语言，增强人与人之间的文化情感，从而增进各国沟通交流的行为。伴随着世界局势的变化，中西方跨文化交往也正不断深化，其中英语翻译的作用尤为突出，他们是中西文化沟通的重要使者之一。在中西方互动过程中，英语翻译的跨文化传播能更好地增进我国人民对西方各国的认识。在政治外交中，不立足语境展开真实的翻译，可能对政治外交所蕴含的意义产生直接影响，不利于中国对其他国家外交政策准确解读，同时对中国和西方等国的文化交流能力及政治交往能力也会产生影响；在文化交流中，也要强化对中西方文化差异的更深层了解和分析，只有以此为前提，才可增进中国对西方文化及西方国家的了解，增强中国与西方国家沟通交流的能力。

（三）英语翻译中跨文化视觉的转换要点

当前中国市场经济已呈现国际化的趋势，而中国与世界各国的交往也越来越频繁，英语是当今世界上应用最为普遍的语言，在中国和世界其他各国友好交往中起着无法取代的枢纽作用。不过，因为汉语与英语之间有着很大的语言差别和表达习惯差异，要想有效了解单词意思并开展英语翻译，就需要深入认识中国与西方之间的差异，有效突破翻译障碍。

1. 形象的转换

在传播中西文化的过程中，语言表达主体的形式往往具有某种特殊性。对英文用词的习惯加以分析，便可以发现西方国家比较注重谦逊、绅士等品质，这在英语中较为明显。翻译人员在跨文化视觉转换中，应明确语言形象是变化的，并通过对语言形象加以转化，使译本更加符合人们的阅读习惯。

2. 词汇的转换

在语言中，单词属于最主要的部分，在开展英语翻译工作时，编译工作人员可以在跨文化视角下对语言加以转换，而单词是其最基础的构成要素。从某种程度来看，英语翻译工作是将单词在各种语言环境下代表的意思表达出来。翻译人员可以全面认识西方国家的语言文化背景，并研究和解释中西方语言差异的形成因素，把词语的正反面意思，运用于实际语言翻译之中，以提升词语的转换效果。中国人主要使用肯定性词表示主要含义，不过西方国家的人的表达方式和我们有所不同，他们大多使用反义词汇突出语言的主题，并对自己语言所要表现的内涵加以深化。翻译人员在进行跨文化交际视角下的英语翻译时，往往需要学会灵活使用语言翻译技巧。英语翻译人员在进行英语翻译时，应尽量选择最符合中国人的语言表达习惯，这样有助于人们进一步了解英语词汇的含义。

3. 句式的转换

词是句子的主要组成元素，而句子则是文段的主要组成元素。句子的跨文化交际与传播角度的变化会对文段整体所要表达的意思产生直接影响。在运用英语时，特定句式变化相当多，最常用的便是祈使句和倒装句等，而在跨文化交际视角下的语言翻译转换过程中，就需要足够多地了解文段含义的表达方法，对特定句式变化形成汉语的语言表达习惯。如“Do be honest.”采用直译方式，其中文意思为“必须要诚实。”，但这样译不符合中国人的阅读习惯，原因在于译文缺失主语，此句可意译为“人一定要诚实。”或“你一定要诚实。”。在展开句型转换过程中，应注重语句前后相连，把必要句型翻译成更能达到中文表达的目的语句。

（四）英语翻译教学中跨文化意识的培养

1. 跨文化意识的内涵

在英语翻译中，跨文化意识包括以下四层含义。

（1）能够揭示英语中包含的英语国家的文化内涵。

（2）能够理解英语国家的人和中国人在思维方式和语言表达上存在差异的原因。

（3）在汉译英时，可以跳出汉语表达方式和思维习惯的限制，按照英语的表达方式和思维习惯进行地道的翻译。

（4）在英译汉时，翻译出的汉语应是符合汉语表达习惯的，是能让中国读者理解的译文。

2. 跨文化意识的教学意义

（1）在翻译上起到的作用

提高对英语原文的理解程度。离开文化背景，不管是何种语言，都少了些许内涵，翻译也只是停留在对表面含义的翻译上，缺少对背后意义的理解和传递。培养学生的跨文化意识，使学生在阅读英语作品或进行翻译时，能够下意识地将部分特殊英语表达与英语国家的文化背景联系起来，从而更准确地理解英语作品的含义，为下一步的翻译打好基础。

提高学生的翻译能力和效率。在准确理解含义的基础上，具有跨文化意识的学生，能够根据中英文在句子结构、表达方式、思维习惯等方面的不同，对字面含义进行加工和升级，适当给这些文字加些感情色彩，将其翻译成更能令母语使用者理解的译文。

（2）在学生素质提升上起到的作用

加深学生对不同文化的理解，培养平等包容的文化态度。跨文化意识培养的过程，也是了解英语国家文化的过程。在这个过程中，学生会对英语国家有更深入、更全面的认识，而理解正是建立在全面了解的基础上的。只有了解，才能消除偏见；有了对比，学生才能感受到不同文化之间的异同和它们各自的魅力。加之教师的正确引导，对于文化差异，学生很快就能养成一种平等包容的态度。

以文学对比鉴赏的方式，提高学生的审美水平和艺术欣赏能力。英语翻译教学中跨文化意识的培养，离不开学生对英美文学作品的学习及对英美文学作品与中文作品的对比鉴赏。在这个过程中，学生能够感受到不同语言文学的独特之处，这是一个欣赏文学美和培养学生鉴赏美的能力的过程，而这种能力能够进一步被拓展并运用到陶冶审美和艺术欣赏等方面，进而提高学生的综合素养。

3. 英语翻译教学中跨文化意识培养面临的困境

（1）难以摆脱母语和背景文化的限制

这是翻译中最大的障碍，也是翻译时最常见的难题。有许多教师，甚至是经验丰富的翻译人员，有时也会出现被母语表达限制的问题。中英文，在字音、字形、句子结构、表达习惯上，都存在很大的差异。例如，英语中的定语或状语在修饰词之前，“落汤鸡”译为 drowned rat 而不是 chicken，等等。再加上中国与英语国家在宗教信仰、家庭文化、社会文化等方面的差异，如果没有全面的了解和大量的练习，根本就翻译不出传神达意的译文。

（2）教材的局限性限制了学生思维的拓展

英语翻译不仅涉及文学翻译，还包括与日常生活相关的经济、医疗、卫生等诸多方面的翻译，而后者的翻译难度更大，所需要的储备知识也更多、更复杂。现阶段英语教材，甚至是部分英语专业的翻译教材，很难做到全面涵盖各个领域，而是需要学生自己在课下拓展学习材料。教师如果在课上没有进行一定的补充教学和组织学生进行练习，学生又没有在课下做到主动拓展，那么学生就很难了解和掌握英语的表达方式和思维习惯。

（3）学生英语基础能力参差不齐

许多大学生，甚至是英语专业的学生，在语法知识和词汇储备上都存在非常大的差异。这种差异容易影响学生的阅读能力和句子结构分析能力，给跨文化意识的培养带来阻力。除此之外，基础能力的不足还会影响翻译的质量。由于词汇储备不足、对句法结构不熟悉，学生在进行翻译时极易出现语法错误、词不达意等现象。

（4）翻译技巧传授方式过于枯燥

非英语专业的大学英语教学，多以应对大学英语四六级考试为目的，教师在授课过程中，很难避开对四六级试题的讲解。有试题就会有所谓的“标准答案”，尽管教师有时候会鼓励学生进行多样化的翻译，但很多学生还是习惯将标准答案“奉为真理”，选择性地忽视语言的美感，不重视甚至忽视对英语国家文化背景的了解。如果再遇上机械化传授翻译技巧的老师，直接对中英文进行对比分析，照着课件念流程，公布完标准答案就讲下一句，这种翻译课堂毫无效率，学生的学习积极性和翻译热情也会大大降低。

4. 翻译教学中跨文化意识的培养方法

（1）加强对英语翻译跨文化教学的重视

在进行语言翻译时离不开语言所体现的文化内涵，恰当、正确的语言翻译也离不开语言文化环境。因此，英语教师应基于跨文化视角开展翻译教学，不断加强并重视跨文化的教学，有针对性地对学生进行跨文化意识和翻译能力的培养。首先，英语教师应改变当前的教学观念，在翻译教学中渗透英语文化教学，逐渐培养学生的跨文化意识。其次，在课堂教学中，英语教师应有目的地让学生将专业知识和文化相结合，让学生意识到跨文化英语翻译的重要性，了解不同国家之间文化历史和背景的不同，这有助于提高学生的英语翻译能力。最后，教师应将有关文化的内容列入翻译考核中，设定明确的考核内容和相关的目标，让学生意识到跨文化视角下英语翻译的重要性，提高他们对此的重视程度。

（2）促进学生英语跨文化知识的积累

当学生对文化意识有了基本的了解，教师应开始从跨文化的视角出发，培养学生的文化意识，提高学生的翻译能力。对于大学生来说，如果在翻译的过程中不重视文化之间的差异性和多样性，就无法真正实现有效的交流。英语翻译涉及的知识面比较广，知识点比较分散，文化元素复杂多样。如果学生想从多方面提高英语水平，必须注重跨文化知识的积累，利用课余时间多读一些跨文化相关的书籍。这有助于学生在翻译时正确表达原文的内涵，不断提高学生翻译的效率和质量。

（3）为学生创造良好的跨文化翻译学习环境

教师在英语课堂中讲解关于翻译的知识和技巧，让学生了解不同文化背景下翻译的规范性和有效性。教师除在课堂上为学生创造良好的学习环境外，在课下的交流活动中可以设置一些跨文化学习的活动。例如，教师可以组织一些翻译比赛或其他与翻译相关的活动，鼓励一些以英语为母语的留学生、外教等人积极参与，创造愉快的学习氛围，让学生了解标准的英语表达方式，从而提高学生的翻译水平。

（五）英语翻译中跨文化视觉下的翻译策略分析

英语是国际交流的主要语种，因此，英语翻译质量将对国际的经贸文化交流活动产生很大影响，所以英语翻译不仅是语种间的自由切换，而且是对各个国家的历史文化背景的合理翻译。我国是一个泱泱大国，有着五千年的文化底蕴，因此，对于英语翻译的跨文化视角转换就显得更为重要。翻译人员不仅要保证英语文本翻译的准确性，而且要保证译文能够充分展现中华传统文化内涵，符合我国文化的特征，这样才能在保留英语文化底蕴的前提下，达到更好的交流效果，提升英语翻译的质量。

1. 虚实翻译技巧

翻译技巧强调虚实结合，西方人的语言表达的直观性和简洁性都较高，翻译人员在将英文译成中文时需立足中国传统文化背景对英语文段进行虚实翻译。这一点的实现要求翻译人员中英文水平都要高，如对英文字数较多的文章进行语义提炼与总结，要求翻译人员的文学水平要相当深厚，这样才可选用最适合的中文词语展开语义转换。如经典影片“Before Sunset”和“Before Sunrise”分别对应“爱在日落黄昏时”和“爱在黎明破晓前”，译文最大程度地增强了影片名之美，更有意境，更能和中国人语言表达及审美习惯相契合。

2. 词汇翻译技巧

英语翻译技巧最基本、最核心的内容还是具备强大的词语翻译能力，以及中英文词汇的转换与翻译，这要求翻译人员强化对于英文俚语、俗语的全面了解，并要求其足够了解中文俗语。必须注意在英文的特殊语境中词汇翻译的差异，英语表达更突出语言直译性。如对“Bob doesn’t know what fear is.”进行翻译，通过直译的方式将该句翻译成“鲍勃不知道什么叫害怕”，此翻译难以凸显鲍勃个人性格，而将此句翻译成“鲍勃具有天不怕、地不怕的性格。”更能表现词汇的重要性，特别在翻译文学性强的英文小说时，必须做到凸显词汇的中英文转换，增强文段的情感表达。

3. 句式翻译技巧

在英文翻译中，针对句型翻译技巧需要一改以往固定思维，加深对中西方社会的了解。在全球国家交流日益频繁的今天，更需强化对中英文语境的深层次研究。在对句子展开译文时，必须坚持一定的原则，如可直译就尽可能直译，绝对不能“死译”或硬译。例如，在对“supermarket”“green food”展开翻译时，可将它们直译成“超级市场”“绿色食品”；在对“bull’s eye”展开翻译时，就要将其翻译成“靶心”而不是“牛眼睛”。务必高度关注语义前后的连贯性，将文化差异性、语言特性融入其中，这样才能做到中英逻辑思维灵活转换，必须把意译方式和直译方式结合起来，不可简单地使用某种翻译方式翻译全部内容，这会使英语翻译的跨文化传播成效大打折扣。

4. 加大对文化差异的关注度

许多文学作品都是在本土的人文特点和历史因素的背景下创作出来的，因此，读者在阅读文学作品的时候也同样是在思索和体验本土的文化，而译文则在不同文化背景的读者与作品中间构筑起了桥梁，一旦译文翻译得不到位就可能导致作品内涵流失甚至使读者产生误解。所以我们在翻译英语文学作品的时候要首先自己提高对当地文化的认识和对文化差异的关注度，将中西方文化的差异做出全面的比较分析，尤其对译文作品所在的时代和社会历史背景都要有充分的了解，如此就可以在后期的翻译工作过程中更加“如鱼得水”，从而向中国读者展现英语文学作品的文化魅力。

第四节 英语翻译教学的重要性

在经济全球化时代背景下，各国之间的交流是其发展过程中必不可少的一步。人类最主要的交流方式便是使用语言，而使用不同语言的人往往需要借助翻译才能进行交流。因此，各种语言的互译就成了交流的重点。在这样的环境之下，英语翻译也逐渐受到社会各界的重视。英语作为一门语言，不仅是一种用于交流的工具，还蕴含着深厚的文化内涵。因此，在进行英语翻译时，跨文化视角转换是一个非常重要的概念。译者既要根据我国所处的文化背景来进行翻译，又要深刻考虑到各个国家之间不同的文化背景，做到尊重与保留，以此来提高英语的交流效率。

（1）英语翻译教学可以提高学生听、说、读、写的能力。英语最核心的四个能力分别为听、说、读、写，这些能力的提升与翻译能力密不可分、相辅相成。通过进行大量的翻译知识与技能学习，学生的英汉互译能力会有明显的提升，随着互译能力的提升，学生在进行英语听力训练时可以快速接收到重要信息，从而获得大量的英语知识，这些知识可以丰富学生的英语知识储备，使学生在进行英语交流时有充分的准备。同时，提升翻译能力需要进行大量的英文阅读训练，这些阅读训练可以提升学生的阅读能力，并锻炼学生的英语思维，而英语思维又直接影响学生的写作能力。因此，教师通过翻译教学可以提升学生听、说、读、写的能力，进而提高他们的英语成绩。

（2）英语翻译教学可以帮助学生正确理解英语，提高英汉翻译水平。学生掌握了良好的翻译能力，就可以很快理解英语语篇中的单词及重点、难点句子，从而快速理解英语语篇的内容及含义。目前我国众多学生的英汉翻译水平存在着一定的不足，学生的英语综合应用能力受到自身语言功底的影响，他们的灵活应用能力较弱。部分学生可以翻译出英语语句的大致内容，但却无法给人一种生动形象的感觉。如“He is a girl.”，有些学生可能会翻译成“他是一个女孩子”，却想不到这句话要表达的意思是“他不是一个男子汉”。因此，在学生翻译能力不足的情况下，英语翻译教学可以培养学生的英语理解能力，使学生掌握一定的汉语言文化，从而在翻译英语时做到更加灵活多变。

教师在教导学生掌握翻译能力时，应从词汇、语法、语义等方面使学生理解两种语言的异同，从而使学生可以快速掌握翻译技能。中西方文化存在一定的差异。学生掌握了翻译能力，在学习英语时就会有一定的代入感，教师通过使学生对源语及译入语背后的文化进行全面透彻的认识与了解，可以提升学生的语际转换能力。例如，教师可以在课堂上播放英文电影《海上钢琴师》的片段，片段中没有中文字幕只有英文字幕，当教师播放到“All that city you just couldn’t see an end to it.”时，教师让学生自行翻译，并让学生分别说出自己的翻译结果，然后教师再对这个片段进行讲解。通过这种播放影片的教学方法，学生会将自身带入影片中，用影片中西方人的思维来思考英语的内容，以此提升他们的翻译能力。

第三章 英语翻译课堂的教学模式

本章主要内容为英语翻译课堂的教学模式，首先，以英国、法国、德国为例论述了国外大学的翻译教学模式；其次，论述了以学生为中心的英语翻译教学模式与方法。

第一节 国外大学翻译教学模式研究

近年来，欧美许多国家非常注重翻译教学的研究，培养出大批翻译人才，翻译教学体系逐渐成熟。然而，从前文对我国翻译教学现状的分析中可以看出，我国翻译教学在发展过程中仍存在许多不足之处，为尽快弥补差距，有必要博采众长，借鉴先进的理念与方法，以此促进翻译教学体系的完善。本节主要论述了国内外大学翻译教学的模式，这里以英国、法国和德国三个国家为例介绍了国外大学的翻译教学模式。

一、英国高校翻译教学模式

（一）以会议翻译（口译）为主的职业培训

这种培养模式是指在大学举办翻译培训班，学生学习结业后获得翻译证书或翻译文凭。这类学校继承了法国巴黎高等翻译学校的培训模式，培养对象以口译或会议翻译人才为主。这类教学积极应用了达尼卡·塞莱斯柯维奇（Danica Seleskovitch）的释意理论，将翻译视为交际行为而不是交际结果，注重翻译过程中译员的心理过程。此外，译者必须传译的是原作的思想而不是词句和语言结构，也就是说，翻译的单位是篇章、话语，而不是词或句子。这类学校注重技能训练、强调训练程序与方法。在教学中重视培训译员听懂、分析篇章内容的能力，利用形象化等手段使学生记忆信息内容，归类并记住数字，复活大脑的被动记忆，并学会一边听一边译，使语言表达清楚准确。教授这类翻译的人员大多是职业会议翻译人员，同时懂得教学方法。要求学生达到第一外语或第二外语理解无特殊困难，是母语表达准确、贴切、娴熟的程度，同时要求学生的智力和分析综合能力及文化修养均应达到较高水平。课程设置除即席翻译和同声传译外，还包括经济、法律语言学、翻译理论等课程。为保证学生熟悉未来职业，学校经常邀请一线的口笔译工作者来校讲学以保证学生与该行业从业者接触，并在学生毕业前安排学员赴校外相关机构或国际组织进行实习。

（二）以德国翻译教育家 W. 威尔斯（Wolfman Wilss）的语言学理论模式为基础的教学方法

该种培养模式的实施者以海里奥特·瓦特大学语言学院苏格兰口笔译研究中心为代表。其培养目标、课程设置和教学方法充分体现翻译语言行为的理论思想与特点。口笔译研究的培养目标是使语言学的毕业生掌握更多的口笔译技能，以适应多种职业的需求。其博士学位的主要研究方向是口笔译研究话语语言学和交际学。口笔译研究中心开设的主要课程有：对比语言学；翻译理论；准备和现场翻译；笔译研究；会议与联络翻译；改写、编辑、摘要与校对；科技与翻译；双语社会与文化研究；等等。口笔译研究中心的教学内容并不严格地局限于翻译，除了安排语言教学、应用语言研究，还要求学生学习社会、文化、政治和经济方面的知识。口笔译专业的研究方向也十分广泛，如技术翻译、机器翻译、文学翻译、媒体翻译、会议翻译、联络翻译和翻译理论等。

（三）功能主义理论的培训模式

英国华威大学翻译与比较文化研究中心是这类培养模式的代表。华威大学始建于 20 世纪 60 年代中期，该校的翻译与比较文化研究中心始建于 1977 年，如今已是英国最大的翻译研究与教学基地，能够授予学生翻译研究的学士、硕士和博士学位。从这个中心的名称可以看出，该校的翻译教学与文化研究紧密联系在一起，该中心的教师都是翻译家，其研究领域几乎涵盖了文学和文化的各个方面，如翻译理论与实践、翻译史、美国文学、文艺复兴时期的诗歌、英国黑人文学与文化、妇女文学、加勒比地区研究等。课程设置包括核心必修课、选修课和论文写作。翻译研究生的核心必修课包括“翻译与接受研究”和“翻译理论史”。前者将“翻译视为文学变化与发展的塑造力量”，分析考察“不同文化之间文本的传播过程”，考察翻译在文学系统中引进新观念、新形式、新类型的方式，并且考察不同文化的读者接受文本的方式；后者旨在考察翻译理论的起源、翻译态度的变化及翻译评价标准的变化和翻译实践模式的变化。翻译研究生的选修课程极其广泛，主要有包括诗歌翻译、戏剧翻译、翻译与性别、翻译与后殖民主义、学习方法论与研究技巧等。华威大学通常要求学生具有相关领域的知识与经历，并具有相应的学位。可以看出，华威大学主要采用学院式的培养模式，培养学术型的翻译人才。翻译类型侧重于笔译，特别是人文和社会；科学的翻译自始至终强调翻译的文化功能、社会影响与接受文化的态度与作用。

（四）计算机辅助教学模式

计算机辅助教学已经在越来越多的学科和课程中得到应用，尤其是用计算机智能辅助外语教学，从理论到实际都有令人振奋的效果。这里以曼彻斯特大学理工学院为例来研究计算机辅助教学模式的教学特点。该校的翻译教学设在语言工程系，该系进行现代高科技、计算机、语言教学、翻译等学科的综合性教学。该系不仅授予翻译研究的科学学士、硕士、博士学位，同时还授予机器翻译的硕士学位。曼彻斯特大学理工学院的语言工程系与其他大学的语言学系或现代语言系的区别在于，该校不仅重视学生的语言技巧、翻译能力，而且强调语言知识的作用，还强调对不同语言的学习与训练，使学生掌握语言学习的规律。他们认为，纯粹的语言能力在漫长而多变的市场需求和个人的工作经历中很难使学生永远立于不败之地。学生只有牢固地掌握语言学习的规律、方法与使用技巧才能更好地迎接挑战。以该系开设的术语学课程为例，要求学生掌握术语学的理论框架，能够利用计算机对术语语料进行分析研究，并建立概念结构，认识不同使用者对术语的不同要求及术语对信息处理系统的重大作用。

二、法国高校翻译教学模式

（一）以职业培训为目标的翻译教学——巴黎高等翻译学校

该校专门为联合国教科文组织、北大西洋公约组织等国际机构培养国际会议口译和笔译人才，学生来自全球的各个国家，涉及四十多种语言。该校招收对象为文科、理科、法学、社会学各科大学毕业生，新生没有数量限制，但入学考试十分严格，除对翻译需要的相关能力的考查外，还对学生未来将适用的工作语言水平的要求很高。学校下设三个系：口译系、笔译系和研究生系。口译系学制为两年，第一年学习即席翻译，第二年学习同声传译，同时开设经济、法律、语言学、翻译理论、术语学等课程，每周总课时大约 24 小时。笔译系学制一般为三年，第一年开设基础翻译课，第二年开设经济翻译课，第三年开设科技翻译课，同时开设口译系翻译除外的其他课程。两个系还同时开设母语及外语进修课（每门 1．5d，时 / 每周）。口译系和笔译系的学生学业期满后，考试及格或论文通过者分别获得“会议口译人员高等专家毕业文凭”和“笔译人员高等专家毕业文凭”。学生毕业后，大部分投考各国际机构的翻译部门，也有一部分毕业生为了工作自由不投考国际机构而分别向各国有关机构申请自由译员的工作执照。70 多年来，该校为联合国、欧盟及西方各国的外事部门培养了一批又一批的高级翻译人员。

巴黎高等翻译学校以塞莱斯科维奇的翻译理论为翻译教学的理论基础，该理论运用语言学、逻辑学、心理学的成就来阐释翻译的理解和表达过程，其核心思想正是对穆南、贝尔尼埃和阿尔比的语言学译论的继承。这一核心思想就是：翻译的主要目的是译意，而不是源语的语言外壳；提倡在翻译中进行“文化转换”。翻译理论提出的翻译程序是：理解、脱离源语语言外壳和重新表达。不可否认，这一翻译理论体系在培养高级口译人才方面是十分有效的。巴黎高等翻译学校的一个重要特色，就是极为重视翻译教学理论的研究，固而它推出了一系列翻译教学研究专著。在翻译教学理论研究方面，该校针对翻译教学的性质、特点、目标、方法，进行了较为系统的探索，提出了许多富有启迪意义的观点，总结了可以借鉴的经验。例如，比较有代表性的成果有杜里厄的《科技翻译教学法基础》、拉沃的《翻译在语言教学法中的作用》、巴拉尔的《翻译——从理论到教学》《大学中的翻译：翻译教学研究与建议》、勒菲阿尔的《笔译推理教学法》等。

（二）专业翻译研究与翻译培训——里昂第二大学

该校的语言学和应用语言学专业将语言学同术语研究紧密结合，术语研究重点领域是医学（以医药学为主）和环保。研究生在学习相关专业的同时，在导师的指导下从事以法英、法阿、法德为主的双语术语翻译研究。该校与国家科研中心合作，和下属的二十多所研究教学单位在以上两个领域的术语研究成果在国内外都享有盛誉。毕业生可以直接进入相关领域从事教学、翻译或其他工作。里昂第二大学为语言学系、商务及法律系的研究生开设了专业口笔译课程，其授课方法为职业翻译培训，强调翻译思维能力的训练和方法论的应用。

三、德国翻译教学模式

德国有着良好的翻译理论传统。德国功能学派的研究对后续的理论研究，以及翻译教学都有深远的影响。

（一）基于现实生活的文本翻译的翻译教学模式

与英国相比，德国的大学一直是注重翻译专业人才的培养，并认为每个人都应该享受大学层面的教育。这种专业的教育使得学生要在学校里花上很长的时间。例如，一个想要接受培训后成为教师的学生要在学校里花上四年半的时间，这还要看学校类型及学生完成整套教学体系所花的时间，实习教师要在学校里实习两年，才能成为合格的教师。然而，大学所提供的这种学术训练并不见得是为将来的专业需要所设计的。英语教师实际上是教英国文学的，而文学作品的选择也是因教师的个人研究喜好而定的，并没有考虑课程要求。一般认为，学生的语言能力在入学前就已经获得。在这种情况下，学生语言技能的提高或被视为无用的“装饰”。在 1981 年一项有关语言课程的调查显示，大概有 1 / 3 都是翻译——译出或译入，而学生的语言能力并没有得到提高。考试通常采用改写与翻译的方法，考试用的文章可能是从某一文学作品中抽取，而且整个考试不允许用字典。改写是考查学生运用外语的能力；翻译是考查学生对外语的理解力和改写成母语文章的能力。但这种考试并不能真实地考查出翻译能力。

随着经济全球化的进一步发展，国际的交流与合作不断加强，德国的翻译教学也开始与之前的那种翻译模式、纯文学翻译的外语教学相分离，转为基于现实需要的文本翻译的教学模式。这种翻译教学模式并不是要培养专业的翻译者或口译者，而是为了使所有语言专业研究人员都能够具有处理日常的或非正式的翻译事务的能力，并能够检查公共的或正式的文本翻译的质量。对于在训练时翻译文本的选择，也应是那些在真实生活中可以或应该被翻译的文本，比如某个特殊的客户所需要的，某个特殊目的所需要的，或是要对某个特殊观众所说的文本，这样一来学生就可以处理真实的翻译任务了。在翻译课上，教师可以和学生共同探讨以下问题：所选择的文本内容，以及该文本被翻译的必要性；它的可能读者是什么人群；为适应目标读者需要，译者要对该文本做哪些调整；等等。任务可以由小组成员合作完成。那些在翻译中可能遇到的问题，比如数字与数据的处理、特定时间，人名与地名、文章修改、文化内容等都可以加到翻译教学中。德国的杜伊斯堡大学也采用了这种基于现实生活的文本翻译的翻译教学模式。

这里的学生只有当他们的外语专业水平达到了一定高度时才可以开始翻译工作。第一学期是学习翻译基础课程，学习翻译的各个方面。比如，对不同词汇项的翻译、如何合理使用字典和其他材料资源，对文化因素的翻译，如何调整文本以适应特定读者，语域分析，文本类型，相同文本的不同翻译，等等。之后的两个学期要学习德译英和英译德。最后一学期是上选修课程——学生翻译工作组。这个课程的教师一般都是目的语的本族语者。学生在翻译的过程中可以发现很多专业翻译所遇到的问题，并且可以学习如何使用参考资料及如何加快翻译速度等。

基于现实生活的文本翻译的教学模式也是值得我国大学英语翻译教学学习的。文学翻译对于大学外语系的学生来说难度较大，并且对于未来职业需求意义不大。在我国进行大学英语翻译教学时，可以根据学生所学专业和未来职业需求来设计翻译教材，翻译的文本可以是科技、商务、旅游和法律等方面的内容。

（二）基于培养文学翻译的翻译学院——杜塞尔多夫大学

以上提到的基于现实生活的文本翻译的翻译教学模式是为了培养更多的具备一定翻译素养的专业人才。在德国，由于所处地理位置、地缘政治和历史等原因，德语和德国民族文学的形成与发展在很大程度上得益于外国文学的翻译，因此，文学翻译也占有一定的市场。德语文学史上的许多著名诗人、作家，从歌德、席勒到霍夫曼斯塔尔、里尔克、格奥尔格，到第二次世界大战后的埃里希・弗里德、伯尔、汉特克和恩岑斯贝格尔，都曾翻译过外国文学作品，为外国文学在德国的传播作出了贡献。按翻译作品数量计算，德国远远超过英、法等国，但是翻译作品的质量不尽如人意。在德国，受传统观念影响，文学翻译不为学界所看重，译者的社会地位较低，报酬也偏低，多数情况下不能靠翻译稿酬维持生计。截至1987 年，在正规的高等教育中没有设置专门培养文学翻译人才的专业，对外国文学作品的书评也很少涉及翻译本身的问题。针对上述情况，杜塞尔多夫大学文学院汇聚了以法国文学专家尼斯教授为首的、对跨国界、跨文化的语言与文学交流及翻译理论感兴趣的一批教师，他们深感有必要成立一个新的专业，制定完备的教学计划，更科学、更系统地培养文学翻译人才。他们认为，面对不断扩大的职业需求，传统的、通过自学摸索的方式造就文学翻译人才的办法，无论对于译者、出版社还是读者来说都是事倍功半的，不能再这样继续下去了，这一重要的跨文化传播工作的职业化已刻不容缓。

杜塞尔多夫大学文学翻译专业教学计划规定，学制（包括毕业考试）为 4 年零 3 个月，毕业要求必须完成 160 个学期周课时（一学期修读一门、每周 2 课时的课程可获 2 个学期周课时），其中必修课和限制性选修课共 148 个学期周课时，与其他文科专业相比，任选课比例稍低一些。完成教学要求、通过毕业考试者获“硕士翻译”学位。可供选择的外语有英语、法语、西班牙语、意大利语，因为这四种语言的译本占全部翻译作品的 4 / 5。学生须从这四种外语中选择一门主修专业方向和一门辅修专业方向（英语和法语两种语言中要求必选一门），另外还必须辅修德语（目的语），作为第二门辅修专业方向。主修外语占总课时的一半，共80个学期周课时，两个辅修语种各占40个学期周课时。这就是说，学生至少须掌握两门外语，能翻译两种语言的文学作品。文学翻译专业十分注重理论与实践的结合。教学计划规定，每个专业方向（包括主修和辅修）的教学都包括理论性课程与实践性课程两方面。以主修专业方向为例，学术性、理论性课程必须修满36个学期周课（必修课），其中语言学和文学各占16课时，具体课程有语言学导论、语言史、20世纪语言、词汇学、语义学、句法、语言变体、文学导论、文学史、20世纪文学、语篇分析基础、文学的接受、类别文学专题等；翻译比较占4课时。语言与翻译实践课必修课与限选课共须修满32课时，具体课程有语法对比、词汇对比、成语对比及大量的文学翻译实践课，以外语译德语为主。这里，文学的概念比较宽泛，既包括严肃文学和消遣文学，也包括讲究文笔的人文科学。在翻译实践课中，学生要练习翻译各种文学门类和体裁的文章，如散文、小说、随笔、韵文、戏剧、舞台剧、广播剧、影视作品及论说文等。到高年级时，每个学生都须选择一个重点领域，深化提高。另外还有跨语种的、以翻译学中普遍的共同问题为内容的课程（占8课时），如翻译导论、翻译理论、翻译史和翻译工作者职业概貌。特别要指出的是，该专业在传授理论知识中，力求避免为理论而理论的经验式教学，注重从实践中总结出来，又能反过来指导翻译实践和翻译批评的理论。正如杜塞尔多夫大学负责文学翻译专业的院长代表尼斯教授强调指出的那样：“大学学习不能代替实践，但我们力求给学生贴近实际的理论，传授技能和背景知识。”培养学生的独立工作能力，提高他们在劳动市场上的竞争力，使他们尽快适应毕业后的职业工作，把所学理论知识应用到实践中去，是该专业办学的指导思想之一。

第二节　以学生为中心的英语翻译教学

一、“以学生为中心”的教学理论基础

新课标的核心理念是“为了每一个学生的发展”，即教育要面向全体学生，给予学生接受平等教育的机会。20世纪中期兴起的人本主义心理学为“以学生为中心”的教学理论提供了支撑。人本主义教育观也为实现新课标的核心理念提供

了思路，指明了方向。

人本主义心理学提出了“以人为中心”的教育主张，且自我概念（the concept of self）是大多数人本主义心理学家关注的焦点。人本主义运动的代表人物——美国著名的心理学家卡尔·兰桑·罗杰斯（Carl Ranson. Rogers）认为，人本质上是善良的，而且在寻求成长，同时他强调，在一个人的个性发展过程中，要努力“自我实现”（self-actualization）、“自我维护”（self-maintenance）和“自我提升”（self-enhancement）。罗杰斯将源自学习者内心的体验式自我启动学习引入了心理学，并且他指出，学习的前提是学习的主体与学习者相关，激发学习者的积极参与。

在美国心理学家乔治·凯利（George Kelly）的“个人构念”（personal construct）理论和罗杰斯的“以自我为中心”（self-centered）理论中，个体被认为是根据自己的经验来感知世界的。这种感知影响他们的个性，并引导他们，指导他们的行为，以满足完全自我的需要。这两位著名的心理学家都揭示了“个体”在感知世界上的重要性。运用在教学当中，可以理解为个体在感知知识、学习知识方面的重要性。

人本主义教育的基本观点为“人类具有天然的学习潜能，但是真正有意义的学习只有发生在所学内容具有个人相关性和学习者能够参与时”。人本主义教育的基本观点指明了教学中应该以学生为中心，只有充分发挥学生的主观能动性才能使教学活动发挥真正的作用，达到教学目的，实现新课标的核心理念。目前对人本主义语言教学并没有一个统一的界定。一些学者将这一名称归因于 20 世纪 70 年代的一套创新方法，如社区语言学习和沉默的方式，但另一些人认为这是一种普遍的方法，包含了比特定方法更广泛的视野。斯蒂维克（Stevick）（1990）作为人本主义语言教学的热心倡导者，确定了人本主义教育学的五个重点，包括情感、社会关系、责任、智力和自我实现。所有对人本主义理论的解读中都体现了两个关键的概念：一是人的全面发展；二是人的自我实现，如充分实现学习者最深层次的真实品质。由于人本主义语言教学对学习者自主和情感因素的独特强调，学习者与教师之间的关系变得更加敏感。人本主义的基本原则如“全面发展”和“自我实现”，只有当教师和学习者在心理上调整到符合人本主义语言观的要求时才会实现。柯伦（Curran）作为罗格斯的学生，将咨询学习理论应用于语言教学领域，并提供社区语言学习。在这种方法中，教师主要是辅导员，主动放弃自己的权力，让学习者在学习过程中认识到自己的价值和责任，使学习者在使用第二语言的过程中逐步走向独立。人本主义课堂关注学习者并提供了一种整体的学习方法，让学生作为个体而得到尊重，并对自己的学习能作出决定。基于人本主义心理学、人本主义教育观和人本主义语言教学三个层次的分析，不难看出学生作为个体在学习中的重要性，以及学生的主观能动性对课堂效率效果的重要性。

二、“以学生为中心”的英语翻译教学模式与方法

（一）合作学习法

在英语课程教学中运用合作学习法，有助于促进英语教学目标的完成。英语作为一门语言类学科，需要大学生在多语言情境、社交场景中进行英语语言信息的输出，以此掌握英语语言技能，构建英语语言良好的输出模式。以往的英语课程教学中，较为关注英语语言信息的传递，而忽视对学生的英语实践能力的培养，使学生空有丰富的英语知识理论，但英语输出能力、实践能力不足，影响到大学生英语语言的整体学习成效。在英语课程教学中运用合作学习法，可打破传统教育的束缚，根据合作学习的准则，为学生提供合作学习的平台，包括语言情境教学、社交场景等，让学生进行合作学习，并进行语言的交流，提升学生英语信息运用能力及语言使用能力，帮助学生完成英语学习的目标。

合作学习法运用到英语课程教学中，能实现“以知识为主”的教学观念向“以生为主”的教学观念的转变，立足于大学生的发展需要，以合作学习方式，开展因材施教的英语课程教学，使每一名学生的英语学习能力在教师的引领下都能得到提升。例如，在英语课程教学中，教师根据学生的差异性，开展多层次的合作学习活动，为不同小组的学生布置不同的学习任务，通过具体实践，促进学生学习能力的普遍提升。相较于传统的“一视同仁”教学方法，合作学习法更为重视“差异性”教学，让学生在具体的教学实践、头脑风暴中，锻炼自身语言输出能力，并获取语言信息，以此来增强学生英语语言信息的综合运用能力。

1. 分组准备与合作预习

翻译教学合作学习的准备阶段，主要目标是对翻译任务、小组分组及翻译讲解知识等进行确定。学期伊始，英语教师应搜集翻译素材，并了解学生的英语基础、学习风格，据此筛选翻译素材、设计翻译具体任务，并将班级中的学生划分为实力均等的若干小组。翻译教学开始前，教师还应适当地讲解翻译的任务和重难点，指明素材文段的文本特征、所需技巧，对翻译任务进行科学合理的设计，便于学生小组进行合作预习翻译。英语翻译课程一开始，教师就要让每个小组汇报预习情况，并提问文段中的知识点，来检验预习成果，也可以作为课前讨论的

一道小题目。做好翻译准备以后就要进行翻译教学新课代入，小组成员可以根据自身小组内的具体预习情况，及时地向教师汇报相关任务，并通过考查知识点来合理检验各小组的预习成果。小组组内成员也可以就单独的英语翻译知识点，进行相互提问及辩论解答，让学生对某个知识点充分掌握。而从教师角度来看，需要对教学进度及教学时间合理控制，将自身组织性和引导性的特点充分发挥出来，提高合作学习的效率。

2. 课堂小组的合作练习

翻译课堂教学的主要部分还是让学生练习翻译。英语教师可以为每个小组准备多个练习材料，如文段翻译、情景对话翻译、听力翻译等，让每个小组自行选择组员感兴趣的材料，从而提升学生练习翻译的积极性和学习英语翻译的兴趣。翻译完成后，各小组要汇报成果，教师要表扬翻译得好的小组，鞭策翻译不好的小组，明确指出译文的缺陷。比如，教师应该将课程标准和具体环节结合在一起，在每个教学环节中结合不同学习小组的实际情况，来设置出一些配套可行的翻译材料，如利用英语文章翻译及情景对话等，可以显著调动学生的英语学习热情，提高小组之间的英语协作能力。

3. 课堂合作的注意事项

当各小组拿到材料后准备练习翻译时，首先让各组员独立地理解材料并写出译文，然后再进行合作交流、讨论，比较各组员的译法，为每一句话找到最贴近原文含义和风格的翻译。独立翻译过程中，允许学生查字典，也允许学生请求组内成员和教师的帮助，但总体上应尽可能地独立完成。合作交流与讨论时，教师应引导学生注意选词、语法、句型等，特别是将自己在这个过程中遇到的困难、解决的思路，都记录下来，同全组认可的译文一起，向全班汇报。要想顺利完成翻译任务，小组成员之间的合作是关键，教师应该结合译文，组织学生展开激烈的讨论，同时教师对学生合作翻译的过程要加强管理，给予学习小组相应的扶持和帮助。

4. 合作翻译的课堂评价

合作学习的课堂评价包括小组互评和教师评价。小组在合作交流、讨论译文时，可以传看每个组员写的译文，相互批阅，指出每个组员的不足，学习组员的优点，从而得出最终版译文，这就是小组互评。然后，小组将最终版译文制作成 PPT 演示文稿，向全班同学展示，讲解其中的思路和技巧，之后教师对此要给出评价，指出精彩之处，也要给出修改意见，并让学生对一些翻译技巧进行总结，有效提高学生的翻译能力。这样，学生就会从中学到翻译的规律。良好的合作翻译评价，可以有效维持和保证学生的学习兴趣，让学生看到他人或者自己的翻译闪光点，并且清楚自己在英语翻译中的不足，从而在接下来的学习中去改进。

5. 合作翻译的课后作业

翻译需要大量练习才能掌握，因此，英语教师可以向各小组布置翻译作业，要求合作完成。作业中既要包括基础巩固部分，也要包括延伸拓展部分。小组合作完成的主要是后一部分。为了保障课后作业的翻译质量，各小组的组长要分配好组员任务，记录员要记录、整理组员的困难、想法、收获，在下节课由汇报员向全班汇报。其中，基础巩固部分主要是布置和课堂学习任务有着直接关联的翻译作业，让学生通过课后合作对自己在课堂上所表现的翻译不足之处进行改进，对所学知识进行巩固学习，加深学生对翻译知识点的印象。课后延伸部分主要是引导学生举一反三，对一些课外英语翻译作业进行了解，让学生能够运用课堂所学去理解和翻译更多的英语素材，从而挖掘学生突破自我的潜力，让学生学会翻译，同时也有利于学生对自身英语综合素养的形成。

（二）任务型教学法

任务型教学法要求教师以学生为中心，确保自身所设计的任务能够在第一时间吸引学生的注意力，为学生的英语学习指明方向。学生能够在完成任务的过程中理顺个人思路，积极实现新旧知识的有效迁移，这一点对践行“以人为本”的育人理念有重要的影响。这种教学方法会使学习基础较好的学生变得更加主动和积极，自觉地完成教师所布置的英语学习任务，不管是学习能力还是综合素养都能得到提升。教师需要注重层次化及多样化的教学指导，关注不同层次不同能力水平学生的真实诉求，给予学生教育性的指导及帮助，充分突显以人为本及学校的育人优势，保障任务型教学法能够在初中英语教学改革中发挥一定的作用，提供更多的参考和依据。

1. 构建任务型教学环境

在英语翻译教学实践中，教师要想充分发挥出任务型教学法的作用，就需要合理构建良好的教学环境，确保学习内容贴近学生的实际生活，激发学生对英语翻译的学习兴趣。比如，在讲解到产品说明翻译章节内容时，教师可以利用多媒体信息设备，向学生呈现某产品的使用说明书，然后组织学生以小组形式展开翻译活动。教师可以给学生提供相关的翻译技巧和常用句型，让学生参考并合理使用。在英语翻译学习任务完成过程中，教师要根据学生的实际翻译学习水平，将3～4名同学合理搭配成一个小组，这样有利于各小组内的成员之间在进行英语翻译学习活动时，能够互帮互助、相互促进。此外，教师还需指导学生明确自己在小组内的职责，承担起相应的责任，促使每个学生都能够真正参与到学习任务的完成过程中，提高学生真实的翻译水平。教师作为任务型教学活动的指导者，要在一旁进行科学指导，通过采取一定的激励措施，让学生敢于发表自己有关翻译的创新观点，促使他们相互分享自己的翻译技巧和学习心得，这样能够实现学生共同发展与进步，并能让学生从中了解到他人学习上的长处，弥补自身的不足。

2. 优化翻译学习任务

在英语翻译任务型教学活动开展过程中，教师需要结合市场对专业翻译人才的培养要求及学生对专业学习的特点，优化翻译学习任务，促使学生能够将翻译知识应用在本专业问题的解决上。比如，在对法律专业的学生进行英语翻译的教学时，教师可以引入有关法律题材的电影中精彩片段的台词、法律商务信函等英语翻译资料，这不仅能够丰富英语翻译课堂的教学资源，还符合学生对专业学习的特点。教师可以围绕这些翻译资料，制定好相关翻译学习任务，然后综合采用合作讨论研究、经验分享及提问等方式，活跃课堂学习气氛，并给予学生充足的思考时间。在教师的指引下，学生可根据翻译材料去思考与分析，当学生遇到翻译问题时，教师可以让学生及时提出来并引导他们进行相互讨论与交流，共同探究学习，解决实际问题，这有利于提高学生解决英语实际翻译问题的能力。任务型英语翻译教学法，不仅可以运用在课堂范围内，教师也可以组织学生利用课外时间去自主学习，完成相关任务。比如，针对学生普遍热爱体育运动的特点，教师可以为学生提供不同热门体育运动的英语介绍、说明的内容，让学生自主选择自己喜爱的体育运动进行课外翻译，然后让学生在规定时间内完成该项翻译训练的学习任务，并在下次课堂上随机抽查或者采取自愿的方式，让学生上台翻译表述。教师可以通过教师点评及学生自评、互评的方式，让全体学生积极参与到翻译学习评价工作中，对台上学生的翻译表现进行综合点评，从而帮助学生优化、改进英语翻译的不足之处。

3. 改善课堂教学方式

英语教师要正确认识到创新、完善课堂教学方式的重要性，要结合翻译教学要求和学生实际学习情况，不断优化、改善课堂教学方式，合理运用先进的教学内容与形式，以此来保障课堂教学质量和效率，实现学生英语学习的全面进步。任务型教学法在大学英语翻译教学中应用的最大优势，就是能够以任务作为教学核心导向，带领每个学生真正融入完成课堂学习任务活动中，挖掘学生的创新思维，让他们以相互讨论交流、自主探究学习等形式，将课堂所学的翻译知识运用在翻译的学习任务中，并最终完成学习任务。在完成翻译任务的过程中，教师要采用提问的方式，询问学生“为什么要这样翻译？”“这样翻译的优点在哪、缺点在哪？”等问题。这有利于实现学生对自身翻译思维过程和产出译文，展开深入分析与归纳总结，并在教师因势利导下，理解翻译内容中所蕴含的各项翻译知识和翻译技巧，全面提升对翻译知识的记忆理解水平。比如，当教师引导学生翻译“结构简单，操作容易，维修方便，生产效率较高。”这句话时，教师可以先让学生根据所学翻译知识和技巧展开自主翻译，有的学生将其翻译成“Simple construction，easy operation and maintenance，and comparatively high productivity.”围绕这个翻译内容，教师可以先让其他学生发表对该译文的评价，指出该译文的缺点并提供相关解决方法，然后教师进行相应的归纳总结。结合该学生的译文，教师要向学生科学阐述说明：鉴于汉语与英语语言表达习惯的不同，不能针对任何翻译内容都采取直译的方式，而需要通过对其语序的优化调整，合理改变译文的语言结构，这样才能够保证译文符合英语阅读习惯。

（三）翻转课堂教学模式

1. 翻转课堂概述

翻转课堂是指在传统课堂的基础上将课堂主体翻转过来。在传统的教育模式中，老师作为课堂教学的主体将课本上的信息和内容传授给学生，而学生在整个课堂教学中一直处于被动接受知识的状态。这样的教学模式在我国已经有近千年的历史，虽然使学生掌握了相关的知识，但是对学生能力的提升并没有太大益处。学生只有在学习过程中对问题展开主动思考和探索才能真正提升与学科相关的能力。比如在高校的翻译教学中，如果学生只是被动接受知识，那么学生的整个学习过程主要是与记忆做斗争，需要记住教师灌输的内容，对相关知识的扩展及学习能力的提升并没有任何帮助。而翻转课堂就颠覆了这种以教师为主体的课堂教学，使课堂真正变成了教师和学生在学习中平等沟通互动的地方。教师可以通过问题引导或者借助信息技术的沟通方式引导学生在课前对内容进行自主学习和思考，并将学习中遇到的困难带到课堂上进行讨论，让学生成为整个教学活动的主体。这种翻转课堂的教育方式可以提高课堂教学的效率，提升课堂教学的有效性，锻炼学生的自主学习能力。

2. 英语翻译教学翻转课堂教学模式发展对策

（1）设计英语翻译教学计划，为创新教学手段做准备。

为应对当前创新英语教学模式实践不足的问题，教师需要充分了解翻转课堂教学模式的价值和要领，进而基于英语翻译教学来设计完整的教学计划，为实践做好充分的准备。

首先，教师应明确英语翻译教学目标，制定清晰的课程任务说明，为翻转课堂奠定物质基础。由于这一教学模式需要大量的素材和信息，所以教师要借助网络来广泛搜集相关的英语翻译教学资料，并预设学生自主搜寻资料的任务，最终则对资料进行整合与优化，达到教学适配性。

其次，对学生一系列学习过程进行设计，除了形成网络平台中的学习内容、学习任务和课堂探讨问题，还需要设置交流合作的翻译学习项目，构建成果展示平台，以此推动学生实现可视化的进步，在检测和考查中提升学习效果。要注意的是，翻转课堂教学模式设计的学习任务要具备探究性和实用性，使学生能够获益良多，为职业发展助力。

（2）加强高校教师教学技能，完善翻转课堂应用过程。

教师的信息化教学素养是高校提升教学能力、优化教学过程的关键，针对英语翻译教学中翻转课堂教学模式的应用，教师必须主动强化创新教学技能的应用，以在教学的各环节中灵活应用，最终构建完善的应用流程。

首先，在课前教师需要明确施行翻转课堂的关键要素，针对英语翻译特征和教材内容设计丰富多样的内容呈现方式，形成完整的课程资料，相应在网络平台向学生传输教学任务和翻译问题。比如教师深入分析某一翻译主题，在网络中精选与翻转课堂相匹配、能够丰富学生翻译视野、提升翻译能力的图片、微视频、文章等材料，罗列出重点的翻译词组和句子，相应提出确切的问题。学生则需要借助线上多样性的教学资源进行自主学习，和教师及时交流，在确切的时间段完成测试练习。要注意的是，教师需要明确学生自主实践练习的线上平台，确保学生能够完成模拟化的情景翻译任务。

其次，在课堂上教师需要组织学生交流与探讨，实施巩固练习活动，并对学生在课堂汇报环节中出现的英语疑难问题进行解析。这一目标的实践需要从问答、语言、结构等方面明确学生中存在的疑难点，实施具体性的指导，保证学生能够在课堂解决实质性的问题。同时，教师需要引导学生开展延展性的讨论活动，拓展学生在英语翻译方面的思考维度，以角色的翻转来实现新型师生关系的构建。另外，教师还需要给学生设定课后训练任务，加强学生的英语翻译水平。比如，教师在线上平台建立翻译题目，让学生进行情景模拟翻译，实现自主解答，最后展示译文，教师则需要对学生完成的情况进行总结性评价和形成性评价，为学生课后提供适时的指导。

（3）挖掘英语翻译实用价值，制作系统性的教学视频。

翻转课堂教学模式在实践中形成的课前资料需要教师进行制作，以视频的方式来呈现，为更好地帮助学生掌握英语翻译技巧，提升翻译能力，教师则需要紧密联系学生的职业发展需求，挖掘英语翻译的实用价值，在学习课件和视频的制作上要严格把握难易，提出教学重难点内容，引入具有实用性且新颖的材料供学生练习。同时视频的制作要增强系统性，保证学生能够建立逻辑清晰的思维框架，把握翻译的要领。通常来说，10min 左右的微课视频可以充分凝聚学生的注意力，传递有效的价值信息，所以教师需要准备充分的材料，在语言表达上做到凝练，信息传递上层次分明，引导性强烈。同时在呈现形式上尽可能地进行创新，体现个性化和独特性，这样会深得学生喜爱，使学生可以在独立学习中掌握英语翻译诀窍，获得成就感。但要注意的是，翻译教学视频的制作并不是对内容进行简单的压缩，而是在系统性传递框架和思维的基础上对独立的知识点进行细化讲解，确保学生可以在某一方面构建完整的知识体系。目前，高校要特别强调英语翻译教学中的实效性，将翻转课堂教学模式的应用与学生的个人发展关联起来，设置翻译训练项目，帮助学生在自主学习、探究交流及项目呈现、优化结论过程中增强英语综合翻译水平。

（四）“对分课堂＋微课”英语翻译教学模式

复旦大学心理学教授张学新提出了利用“对分课堂”这一模式进行教学，它有机结合了传统讲授式课堂与讨论式课堂，同时对于内化的过程进行了着重强调，并不是当堂的讲授加讨论，而是把教学分为在时间上清晰分离的三个过程，分别为讲授（presentation）、内化吸收（assimilation）和讨论（discussion）。教师在第一次课上采用传统授课模式，学生课下进行独立自主学习，完成读书笔记，对教师课堂讲授的内容进行内化吸收。第二次课上，学生开展讨论，复习课本内容、分享学习体会、相互答疑解惑。本研究构建的新型教学模式考虑到应用型院校大学生学习动力不足、自律性不强的问题，将对分课堂与微课有效整合，教师把课堂上的知识要点浓缩为短小精悍的微课并上传至网络平台，学生在课下利用电脑、手机、iPad 等终端设备进行学习，并根据老师布置的作业，带着问题学习微课，目的性强，能够对课堂知识更有效地内化吸收。除此之外，对分课堂的讨论部分强化了同伴互评这一评估方式，同伴更接近学习者的学习水平，在同伴之间不断交流协商的过程中进行知识的主动构建，进一步修改并优化译文，这也与社会构建主义理论的“最近发展区”相吻合，可以有效发挥学生的主体性，提高学习者的翻译潜能。

“对分课堂 + 微课”的英语翻译教学模式既注重了知识传授与课堂讨论的有效整合，又强化了课堂教学与课外自主学习的相辅相成，将这种新型教学模式应用于大学英语翻译教学，是对传统大学英语翻译教学的变革和发展，突破大学英语翻译课堂中师生、生生互动的局限性，拓展知识学习的外部空间，是大学英语翻译教学的一种新尝试。“对分课堂 + 微课”教学模式的具体实施可分为三个方面。

（1）讲授阶段。讲授阶段为每周的第一节课，通过讲解文章来进行重点讲授。在对文章进行详细讲解过程中，教师对于句型结构比较难的部分进行重点分析，同时主要讲解习惯表达中比较重要的部分，给学生对于重难点和语言表达技巧方面的理解提供了一定的帮助。另外，教师把文章关于翻译的部分重点技巧及知识点通过课堂讲解展现给大家，但不会穷尽内容，留给学生进一步主动探索的空间，引发学生进行主动性学习，也不会紧接着安排训练实践，而是布置相关的翻译作业让学生课下完成，给予学生足够的空间和时间来吸收知识、思考问题和提升能力。

（2）内化吸收阶段。课堂讲解后，教师将制作好的微课发布到网络平台，微课视频除短小精悍之外，还要与课堂知识点联系紧密，并要进一步拓展。学生利用充足的课余时间使用电脑、手机、iPad 等终端设备反复观看学习。在学习微课的同时要注意做笔记，把翻译策略及需要注意的重难点都记录下来，实现对课堂知识的内化吸收。另外，教师将全班学生进行分组，每一组由 3 ~ 4 人自由组合并确定一名组长，组长负责监督组员的微课学习情况并上报给老师，起到督促学生学习的作用。

（3）课堂讨论阶段。对分课堂第二阶段的核心是讨论，讨论以小组形式展开，要具有针对性和互动性，因此，同伴互评成为课堂讨论部分的重要环节。各小组有针对性地展开讨论，讨论内容从翻译作业入手，涉及词汇、习惯表达、翻译策略、语法等方面。组员相互学习翻译中的“亮闪闪”（即彼此翻译中的闪光点），强化所学知识点。针对自己已经掌握或是翻译中特别满意的地方来考考其他组员，通过“考考你”这一环节学生可以增强翻译自信。“帮帮我”则是针对自己在课下独立学习遇到问题时向同伴求助。通过同伴间的相互交流和帮助，学生的翻译水平得到进一步提高。在讨论中，老师并不是袖手旁观，而是根据学生在讨论中的表现做出评价并计入平时成绩，对于偏离重点的小组适时引导干预，在整个过程中充当组织者、评价观察者、答疑解惑者的角色。讨论结束后，教师展示优秀作业或笔记，对课堂内容进行总结，并对学生作业中出现的问题及小组讨论的表现做出点评，起到帮助学生深化知识、加强反思及提升学习效果的作用。

笔者在经过12周的教学实践，对使用“对分课堂”模式开展教学的实验组和未使用该模式的对照组进行了教学效果检验。检验结果显示：实验组在英语教学中翻译能力得到很大提升。在英语词汇、语法等方面的对比中，无论是在语法结构方面，还是在词汇选择方面，都比传统教学模式下的学生更胜一筹。“对分课堂＋微课”的教学模式在本次翻译教学实验中体现诸多优势。学生带着作业参加讨论，受到同学的压力，课下学习会更认真主动。作业计分，对优秀作业进行展示，会促使学生把学习成果外化为高质量的作业。课下学习目标明确，但“何时学、学多少”由学生自己安排，使学生的自主性增强。学生在讨论中加强了互动，增进了感情，团队荣誉感更加明显。课堂的主体由老师变为学生，对于学生进行自主学习的欲望有了极大的刺激。学生不再被动学习，而是主动进行知识构建，其自主学习能力和求知探索欲有了大幅提升。项目组对在对分课堂模式下进行学习的学生进行了有针对性的问卷调查，参与问卷调查的这部分学生对此反响比较好，对于在“对分课堂＋微课”教学模式中接受知识的程度，普遍认为显著提高了自身的英语翻译水平。但与此同时，他们也基于实际情况，对于存在的不足之处提出了一些中肯的意见。例如：在课堂上进行知识讲授时，教师讲解速度有时过快，学生对于知识无法完全掌握；在内化吸收阶段，由于自身的自控力不足，少数学生在学习微课时偶尔会产生懈怠心理。

（五）交互式英语翻译教学模式

1. 交互式教学模式的理据

互动式语言教学方法是由美国旧金山大学语言学院院长创造并提出的，并在相关的实践报告中取得了良好的效果。因此，在不同国家和地区的学校中广泛采用了该种英语翻译教学方法，并对学生的学业成绩有明显的促进作用。在以语言习得和教学为基础的英语翻译教学方法中，应根据学生的个性需求和特点来制定具体的教学方案，进一步激发学生的学习兴趣，使师生之间得到有效的互动与交流，对于营造良好的英语翻译教学氛围和教学活动将具有良好的效果。所以，在英语翻译的教学中，采取互动式语言教学法，不仅可以使学生积极参与英语翻译教学，还能进一步增强学生的英语思维逻辑，使其充分掌握翻译的知识和技能，并使学生的整体英语水平得到进一步提升。

2. 交互式英语翻译教学模式的特点

交互式教学的理论基础是构建主义知识的传播，通过学生自身的学习和生活经历，以及自己实践经验，鼓励学生灵活运用的英语翻译技能。

（1）充分发挥学生的主体性

作为翻译教学主体的学生，主导着整个互动式教学的过程。学生不仅是知识的积极创造者，也是知识转移过程中重要的组成部分。学生在互动式教学中的认知过程、学习过程，对主动性和选择性的人类感知进行了良好的展现。例如，为了有效提高学生的英语翻译能力，就需要培养学生的英语语言的潜意识，使学生在潜意识里把英语转化为自己的母语来理解。这种翻译技巧不能直接通过某些词汇来直接反映语义，而是通过传递信息来表达相关的情绪和语义。在翻译理论方面，这对学生学习英语有很大的帮助，让学生学会如何建立自己的思考模型，并将思考模型有效代入英语翻译的过程中，不仅可以从不同的角度激发学生的学习积极性，还可以实现事半功倍的教学效果。

（2）充分体现学生的创造性

学习本身是一种在特定语境下的活动，尤其是在英语翻译过程中。构建性学习理论认为，在学习环境中，最重要的就是情境、合作、对话等方面的影响因素。这不仅是对学生、教师现有知识的维护，更是一种英语教学实践活动。因此，在学习过程中，要基于学生充分的创新精神和主体意识的支持，这是英语翻译中必须遵循的规则和规律，但同时还要注意它们的创造性。互动教学法在翻译教学中的实施，鼓励学生对传统语言进行创新。之所以在交互性英语翻译的教学过程中强调翻译技巧，是因为他们希望通过翻译来展现一种客观的语言现象，克服传统“翻译技术”中所存在的缺陷。

（3）注重师生之间的互动性

互动教学法是以教师的语言习惯和教学理论为基础的，并对不同教学机会的方法进行了结合。互动式教学方法采用了多种灵活、适应性强的教学方法，促进了师生之间的有效互动。学习和教学的目的、教师的演讲与学生的反应之间的协同作用是相互联系的。交互式的学习模式，可以提高学生对翻译技巧掌握的效率，不仅是提高翻译人员实际表达能力的必要途径，也是加强师生之间有效沟通的方式。

（4）翻译教学的循序渐进性

要想将交互式教学方法有效地应用于英语翻译中，需要提高对学生的内在潜能的重视，教师可以循序渐进地讲授翻译过程中的重点和难点，如从初级阶段开始的知识转移，在教学过程中结合学生自身的学习规律进行翻译，双语转换技能的运用。在交流与沟通环节上，英语教师应积极向学生提供翻译经验，引导学生不断提升自身的翻译能力。

（5）完善教师评价的客观性

在进行英语翻译的课堂教学之前，教师应该事先表明自己的评估标准，以便学生在将来不断提高自己的翻译水平。在这一过程中教师正确指导学生进行英语翻译，并对学生进行客观、恰当的评价，以正确的方式积极地引导学生。

（六）基于语料库的英语翻译教学

1. 语料库辅助英语教学的意义

（1）创新外语教学模式

在传统外语教学中，教师往往采用传授式教学法，对外语用法的介绍仅有理论依据而缺乏客观实例，因而学生容易缺乏相应的理解，难以寻求正确的表达方式。语料库方法的引入可以为学生提供真实的语境和数据资源，加深学生对语言的理解，使学生借助语料库丰富的信息资源、透过语言信息，自主发掘外语学习的一般规律，向学生提供有别于传统外语教学的新方法与新模式。

（2）促进学生自主学习

引导学生使用语料库方法，可以有效实现学生自主学习。在遇到新的语言点或知识点时，学生可利用语料库自主验证用法，在具体语境中充分理解用法，该探索过程能够有效摆脱学生以往死记硬背、零碎获取知识的被动状态。在学习过程中，学生通过对英语地道说法、用法的不断接触，能够逐渐找到规律并进行总结归纳，逐步形成个性化的自主学习模式。

（3）丰富语料库教学理论与实践

语料库的发展是一个动态的过程，在这个信息爆炸的时代，语言每时每刻都在更新，语料库的内容也会随之更新。教师利用语料库进行外语教学，能够丰富其实践经验，而该教学过程也是对语料库进行扩充的过程。相较于传统的教学模式，语料库教学具有更大的不可预测性，人们以往掌握的语言规律在语料库中可能会得到不同甚至是相反的结论，这也会促进语言规律的不断完善和更新，从而进一步推动外语教学的发展。

（4）推动基于语料库的课程资源开发

基于语料库的英语课程资源可以应用于课堂演示，也可以用于学生独立学习。由于语料库资源来自现实生活，生动性往往大于编造出来的语言案例，因此，会更好地吸引学生的注意力，加深学生的印象。在建设英语课程资源的过程中，语料库能发挥很大的作用。学生学习语言知识的过程中，通过语料库丰富的语言环境，能获得更多真实语言的体会，教师在教学中也获得了更大的自主权，实现职业发展和自我成长。

语料库辅助下的英语教学流程如图 3-2-1 所示。

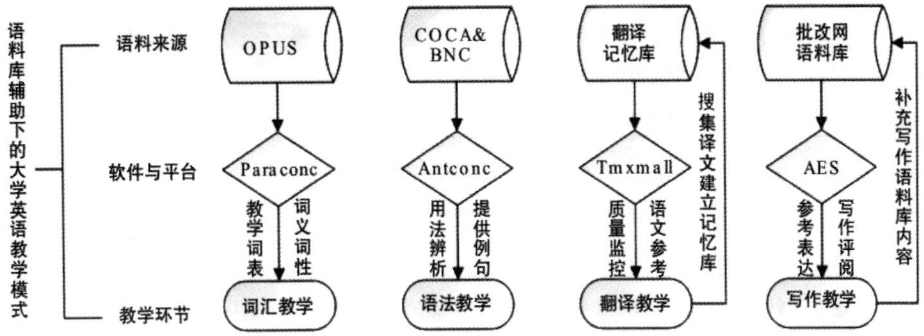

图 3-2-1　语料库辅助下的英语教学流程

传统的翻译教学以教师为主导，学生的翻译能力往往依赖于词典和程式化的范例，翻译内容单一，缺乏变化和多样性，尤其在面对汉英方向的翻译时，往往难以有统一的标准，全凭教师的主观判断。双语语料库因其自身特点，非常适合进行翻译教学。一方面可以提供翻译范例，提高翻译效率；另一方面可以对学生的译文质量进行客观评估，帮助学生提高翻译水平。在翻译教学实践中，可以选用 Tmxmall 语料库平台，该平台的优势在于除了能提供双语平行检索，还能够提供文本对齐等功能，可以随时将翻译的内容转换为平行语料加以保存，从而形成翻译记忆库。

2. 语料库的英语翻译教学应用策略

（1）强化知识体系

在翻译学习中，翻译经验的积累和翻译技巧的学习都十分重要，在语料库中能够更好地帮助学生强化翻译知识体系，使学生快速掌握翻译学习的要点。由于语料库内有十分丰富、类型多样的译文存储，学生在出现翻译错误时可以快速调取相关的翻译内容进行横向对比的学习，较好地拓展了翻译课堂中单一的理论吸收，使翻译学习更加全面。在库内纠错反复提醒之下，学生对自身易错的内容会更加关注。通过从短语翻译、简单句翻译逐步转变到长难句的翻译，可以更好地实现学习上的积累。在英文翻译的学习中，词语、词组的翻译是基础，只有掌握了基础才可以不断进行拓展，实现更加复杂的翻译学习。在有了一定的翻译知识体系后，教师更容易给学生添加学习内容并对其进行查漏补缺，使学生的翻译知识体系更加丰富。

（2）量化分析译文

教师在利用翻译语料库教学时要能够利用数据统计的方式进行量化分析，提升课堂教学的有效性。首先，语料库可以快速对学生的译文进行正误判定，尤其是在面对不同的翻译词语运用时能够结合已有的资料进行分析，整体的判断正确率很高，较好地摆脱了传统文章翻译手改的低效问题。教师要随时查验后台的译文判断情况，统计出高频错误并对其进行归因分析，按照词语错译、搭配错译、语境错译等进行分类，对后续的教学工作形成一定的内容指导。其次，教师要重视逐步培养学生的错误分析能力，要求学生对每一个错点进行反思，并根据库内的量化数据寻找自身翻译的薄弱点，包括词语积累不足、长难句易错等，有针对性地进行自主练习，并充分保留自身翻译中的优势，不断提升翻译综合水平。最后，教师要能够利用语料库评价核查学生对翻译作业的完成情况，以网络化监督的方式对学生进行督促，避免了练习上的偷懒问题，在对学生进行期末评价时也有更多的数据参考。

（3）提升教学质量

在当前的翻译教学中，练习课时严重不足导致学生的翻译水平无法得到明显提升，教师要结合语料库的课外练习优势来强化课内的知识点讲解，实现多维度的翻译能力提升。首先，教师在授课之前要提前结合语料库内的学生翻译量化数据统计对课程内容进行筛选，使课堂教学和课后练习之间能够形成连接，更好地夯实相关知识点。教师在备课时要控制好错误回顾和新知讲解的比例，结合实际情况进行调整，确保学生的翻译学习不存在错误堆积的情况，及时答疑保证教学有效性。教师要加强对教材的梳理，合理安排教学内容，并结合不同的翻译课程性质充分发挥语料库学习的优势。其次，教师在布置翻译练习时要与课堂教学的知识点有关联，并能够适度回顾以往的教学内容或易错点，更加全面地考察学生的翻译综合水平。教师要构建“1+1”的教育新理念，使课堂学习和课后练习之间相互促进，实现高效率、高质量的翻译教学，帮助学生快速构建英语翻译知识体系。

（4）构建语料语境

英语翻译不是单纯的词语堆积，而是要在一定的语境、语态下才可以实现“信、达、雅”的高水平翻译，翻译语料库的一大应用优势就是可以帮助分析或构建不同的语境和语态，完成翻译的练习和纠错。首先，语料库内有丰富的翻译文本资料，教师在教学时可以输入某一个词语并进行搜索，按照库内展示的不同语境逐一带领学生进行分析，有一些特殊情况下还可能会涉及英语语法、汉语典故等内容，使学生更好地理解到语境和语态对于翻译的重要影响。尤其是在一词多义的情况下必须结合语境进行翻译，中英文中有很多这种翻译用词上的要点差异，十分细化，很容易被学生忽视。其次，在语料库的翻译中能够直接为学生提供语境的范本，学生在进行独立练习时也可以进行参考和比较，提升翻译的准确率。每一次翻译都会记录到库内，语料库对于学生的错译也能够进行更加精准的把握，提高库内资料类型的丰富性，也更有利于提升后续学习中的个性化，满足不同层次学生进行翻译练习的需要。

（5）动态教学评价

翻译语料库并非一成不变，而是在不断扩充和丰富的，对于学生的翻译练习等也可以进行历史记录，形成一种动态化评价，保证学生翻译水准不断提升。在面对固定搭配、一词多义等翻译学习时，学生可以利用语料库将这些知识点积累起来，成为自己的错题库，随时核查自己的翻译内容，这种具有一定个性化的学习方式相较于传统翻译练习的有效性更加突出。在翻译语料库的教师端，教师可以查验全班学生的翻译情况，尤其是在面对一些大部分学生没有掌握的翻译难点时，教师还可以在课堂上予以着重讲解，通过更加生动的语言讲解加深学生对知识的理解和记忆。教师可以带领学生共同进行错题回顾，分析翻译错误的主要原因，并将相关知识点总结积累下来，形成班级学生共同拥有的翻译练习记录。

（七）基于构建主义的英语翻译教学

1. 构建主义各学派的基本观点

构建主义的提出最早可追溯到瑞士的心理学家让·皮亚杰（Jean Piaget）所创立的日内瓦学派。他认为，儿童通过与周围环境相互作用逐步形成对关于外部世界的理解，从而发展自身的认知结构。皮亚杰学派强调学习者逻辑思维能力的培养，主张课堂教学中学习者开展既独立又合作的学习，同时强调要以学习者为导向。该学派认为，当学习者在群体中进行学习时，可以对各自的观点进行讨论，甚至提出挑战，并相应地做出回应，以此来推动学习者思维的发展。此时的关键就在于教师要把学习任务变得具有挑战性和探索性，鼓励学习者进行自我思考。维果茨基（Lev Vygotsky）提出了“文化历史发展理论”，重点探讨社会文化历史背景在学习者认知过程中所产生的作用，该学派注重心理和认知能力的发展，例如，注意力、概念感知、概念思考、逻辑记忆等自我调控能力。重点关注学生通过相关概念的交流来发展高级认知能力。课堂上的师生互动是最重要的环节，在教学过程中，教师要适时地对学习者遇到的问题进行解释、询问学习情况并及时纠正错误等，督促和帮助学生进行自我思考和作出解释。社会构建主义学派认为，学习是由所有参与者共同完成知识构建的过程，强调学习在群体性中进行。学习者通过完成边缘任务和核心任务来实现与专家实践者的无缝对接，构建知识和意义的途径是在社会交往中，即教师和学生、学生和学生之间的互动中实现的。课堂教学中学生和老师一起共同构建知识。教师要做的就是帮助学习者形成一个共同学习的群体，并帮助学习者参与到知识的“共建”的实践中来。整体构建主义特别侧重整体语言教学，顾名思义，该理论强调学习者必须从整体而不是从部分理解开始，强调学习者的读写能力要在真实的言语环境中发展，学习者应该在真实情境中学习，因为这种环境具有整体性。其主要目标是让学习者注重学习过程同时也要注重学习成果的获得。课堂的重点在于教师通过设计能培养兴趣、发挥优势的真实交际任务来满足不同学习者在具体学习情境下的需求，以此促进他们积极学习。

2. 构建主义在英语翻译教学设计中的运用

综上所述，构建主义四个学派的共同点在于帮助学习者积极构建自己的学习，但是侧重点各有所不同。我们可以吸收和借鉴构建主义各个学派的优势，在教学设计中博采众长，提高教学质量。

皮亚杰学派强调发展个人逻辑思维能力，因此，英语翻译教学要注意培养学生批判性的翻译能力。老师可以要求学生针对同一篇文章的不同译文提出自己的理解，给出评价，作出解释，或者要对自己的译文进行说明，正所谓“知其然，更要知其所以然”。教师要做的就是创造各种机会鼓励学生针对不同的译文进行讨论、批评和解释，借此发展学生的翻译能力。可以把教师用书里那些不够地道的译文挑选出来，并在课堂上要求学生作出批判性的评价，同时提出更加完善的翻译。

维果茨基学派注重发展概念感知、概念思考等自我调控能力。为帮助学生建立基本的翻译概念知识，教师可以组织学生就翻译过程中遇到的问题进行思考，向他们解释翻译理论的指导作用。当然，学生一般对翻译中概念性的东西不是很感兴趣，这些内容处理得不好很容易让学生感觉枯燥乏味，失去兴趣。此时教师就要通过合理的教学设计鼓励学生说出自己对某些概念的理解，并适时纠正错误的理解。如果能够帮助学生积极思考翻译概念的内涵，就能促进学生完成对翻译概念的构建，从而提高学生的翻译基础知识能力。在引导学生对翻译概念思考时，尤其是比较抽象的术语，如“形合”“意合”，要做到趣味性和现实性相结合，深入浅出地讲解。社会构建主义学派主张通过学习者与专家实践者群体的无缝对接来培养构建知识的能力。

吉拉里社会建构主义学派提出了翻译工作坊式的教学模式，该工作坊分为3个阶段：（1）基本知识导入阶段。（2）翻译实战阶段，通过真实翻译任务形成翻译能力，掌握翻译规范，逐渐从职业翻译社群的边缘进入中心。（3）研究阶段，学生在综合他人观点的基础上形成自己的理解，再进行互动、协商。我们可以考虑通过建立工作坊的形式来培养和提高学生的整体翻译能力。

整体构建主义主张学习者在真实情境中学习，教师要善于激发学习兴趣，提高他们的读写能力，这些对于培养非英语专业学生的英语翻译能力具有启发意义。为了在英语翻译教学中提供真实情境，教师可以利用语料库，把同一体裁文章的英汉语两种版本提供给学生，或者根据不同专业的学生选取能够激发他们学习兴趣的文本（如各学科的专业英语），让学生在真实语境下进行交流与学习。这样，教师通过提供专业性强的翻译练习素材，即创造真实语境，来满足不同专业学生的学习需求，从而促进他们的翻译能力的培养。

（八）基于认知语言学的英语翻译教学

1. 认知语言学的价值

将认知语言学融入语言教学或翻译教学中，能够充分挖掘学生的认知潜能，可以使学生的认知能力在英语的形式与发展的过程中发挥作用。教师可将认知能力作为语言能力的有机组成部分，通过互动体验的方式，使学生了解客观世界、发掘自身的潜能，特别在教育国际化、“一带一路”倡议及信息化建设的背景下，学生了解世界的方式愈加多元化、多样化及动态化。然而当前学生了解和认知世界的过程都是经过转化的“间接过程”，是在新闻报道中对西方文化、西方世界及西方社会进行局部认知的过程。而将英语能力作为认知能力，可以使学生通过英语学习的方式，重新体悟、感知及体验客观世界的表现形式、发展机理及形成规律，进而重新解构英语教育的意义和价值，赋予英语教学全新的价值意蕴。而在教学实践中，由于认知语言学通常将语言作为认知能力的重要组成部分，关注语言背后的认知价值，因此，教师能够改变词语、词组是毫无生命的、平面的符号的观念，能够使语言知识的广度和深度得到有效的延伸，使英语背后的文化价值、文化理念成为学生认知的关键和主体，进而通过识解、关联、隐喻、意向图式、认知模式，以及概念化、范畴化、体验化的认知方式，帮助学生更好地理解和掌握英语的语言现象和文化现象，同时提升英语教学的质量与效率。

2. 基于认知语言学的翻译教学模式构建策略

（1）整体规划。在认知语言学的指导下，英语教师应将翻译教学作为学生认知社会、认知世界、认知自我的纽带，并重新规划翻译教学的内容、过程、条件及程序。首先是教学目标。英语教师应将扩展学生国际化视野和满足社会经济发展需求作为翻译教学的宏观目标。将培养学生跨文化交际能力、语言翻译能力（口译、笔译、临时翻译）及知识运用能力作为中观目标，并根据学生的学习差异、教学实际，制定相应的微观目标，如生活翻译、语篇翻译、翻译问题等。其次是明确教学程序。英语教师应激发学生的翻译激情和兴趣，以认知世界、文化体验、专业发展为导向，帮助学生逐渐形成独特的英语学习目标，并结合认知语言学和现代信息技术，创新翻译教学模态，使翻译教学呈现全新的发展特征，进而在创新教学手段、教学内容的基础上，增强翻译教学的实效性。最后是教学评价。教师必须结合认知语言学的特征和特点，制定出与之相适应的评价体系。此外，英语教师还要在教学理念上摆脱应试教育的束缚，将翻译教学、阅读教学、写作教学、语法教学有机地联系起来。

（2）课前准备。首先，构建认知场域。认知语言学认为“认知”和“体验”是衔接“语言”与“世界”的抓手，而现代教育理论认为学生的主体性和能动性是加强教学实践的抓手。因此，在翻译教学前期，教师必须帮助学生构建出科学的“认知”和“体验”体系。例如，从跨文化能力培养的角度出发，教师应将翻译资源集中到西方历史、建筑、艺术、社会、民俗等文化背景下，通过翻译教学的逐渐深入，帮助学生更好地认知和体验西方文化。而在职业发展上，教师应将现代企业的商务翻译资源呈现给学生，帮助学生层层推进地了解现代企业的商务流程及运作规律。但如果从学生自身的认知规律出发，则应从动漫翻译、游戏翻译、电影翻译、文学翻译等角度入手，以学生兴趣为抓手，重构学生的学习目标。其次，构建培养框架。英语教师应将翻译能力培养与翻译知识传授融入学生的认知、体验的过程中。而这需要教师构建出科学合理的网络教学资源库，通过线上、线下的形式，使学生在知识传授的过程中掌握相应的语言翻译能力。但在构建英语翻译资源库时，应确保显性知识与隐性知识、教材知识与课外知识的比例，并完善相应的资源检索体系。

（3）课堂教学。在认知语言学背景下，英语教师应将翻译能力的培养过程转变为学生的认知过程，使知识传授过程转变为知识探索的过程，以此使翻译教学从由教师主导转变为由学生主导。首先，在翻译教学的过程中，教师应以任务驱动的方式提出学习问题。例如，“西方文化都拥有哪些表现形式？”“现代商务英语翻译中会出现什么样的问题？”等使学生在问题导向下，形成相应的认知需求。其次，教师应明确翻译教学所涉及的内容、难点和重点，并灵活联系不同的课程内容，通过微课教学的方式，帮助学生及时巩固和应用知识。例如，在翻译教学中会涉及复杂的语法知识，教师应以小组讨论的方式，明确学生对此类知识的掌握情况，如果情况不理想，则要求学生重新观看微课视频以补充该部分知识。再次，在翻译教学中，教师应将知识传授与翻译练习有机地结合起来，或者采用翻转课堂的形式，将翻译训练翻转到课堂，将知识传授或知识获取翻转到课前，以此集中精力，培养学生的笔译、口译及临时翻译能力。同时，也能更好地组织并开展各类教学活动。但无论是翻转课堂还是常规教学，英语教师都应将翻译教学资源库融入翻译练习的全过程中，并根据学生的学习差异，筛选出相应的翻译任务，如标题翻译、语篇翻译、段落翻译、诗歌翻译、新闻翻译等。最后，在评价过程中，教师应将评价过程嵌入教学过程中，通过学生互评、自我评价及教师评价的形式，诊断学生在翻译教学中存在的问题，明确学生的文化认知、社会认知及行业认知情况。

（4）课外教学。课外教学可分为教师的网络教学与学生的自我学习，然而无论哪种教学，都需要以学生的体验和认知为抓手，注重学生的整体感受，使学生在实践学习的过程中得到发展和成长。首先，加强情感教育。英语教师在情感教育的过程中，能够指引学生更好地体验西方历史文化、民俗文化及地域文化，能够更广泛地探求相关行业的专业知识，并培养学生灵活运用语言知识的能力。但为切实提高学生的英语翻译能力，教师应根据交流结果，临时选取相应的语篇片段，要求学生在规定时间内进行翻译。其次，将学生划分为若干的学习小组，通过设置合理的认知问题，提升学生体验英语、感知英语的积极性。然而在这个过程中，学生的认知过程绝不能与翻译教学相脱节，教师可在后续的翻译教学中，根据学生的认知程度，分发不同内容、不同形式的翻译任务。

第四章 英语翻译的技巧与翻译教学实践探究

本章主要内容为英语翻译的技巧与翻译教学实践探究，首先论述了英语翻译中的基本技巧，其次详细论述了词汇、段落、语法、文体四个层面的英语翻译教学，以便更好地帮助学生在实践中掌握英语的翻译技巧与方法。

第一节 英语翻译中的基本技巧

一、直译法与意译法

直译和意译的概念，最早可追溯到罗马时期，由西塞罗（Cicero）提出并用于解释如何成为优秀的演说家，后由圣哲罗姆（Hieronymus）沿用于翻译基督教的《圣经》。这一时期有关翻译的陈述和理论都直接来自翻译实践，因此，对于直译和意译的解释局限于完成单一的任务，并未形成详细的翻译理论。20 世纪 40 年代后，结构语言学和传播理论被用于跨语言交际的讨论中，翻译研究也随之迈入新时代。在此背景下，吉恩·维奈与吉恩·达贝尔内为了弥补英语、法语两种语言之间的差距和“空缺”，提出了“直接翻译”（direct or literal translation）与“间接翻译”（oblique translation）。此时，吉恩·维奈和吉恩·达贝尔内已将直译当作直接翻译的同义词来看待，直译和意译的概念也发生了变化。

直接翻译是指将源语的信息按要素逐个转换为目标语，包括借词、借译、直译三种翻译技巧。借词，即保留源语词语的发音，直接将其借用为目的语；借译，指的是保留目的语句法结构或者使用新的结构，将源语翻译为目的语；直译，指的是两种语言在语法和习惯上有相同点，将源语直接翻译为目标语。而当两种语言结构和心理语言学存在差异，不能将源语的文体效果转换为目的语时，译者可以通过改变源语的句法结构，甚至改变词汇进行翻译，即间接翻译。间接翻译包括词类转换、调节、对等和改编四个技巧。词类转换不改变源语所传达的信息，只进行词类替换；调节指的是改变源语的语义和观点，根据信息传达等级的不同，还可以将其细分为抽象与具体、现象与原因、主动与被动等；对等是为了得到与源语同一或相近的情景，而使用完全不同的文体或者结构进行翻译，通常翻译拟声词、习语和谚语时会使用这种技巧；改编是源语信息在目的语文化中不存在时，为了使目的语与源语对等而使用的技巧。

二、词性转换法

在英汉翻译中，为使译文在准确再现原文信息的前提下能够很好地达到语义、风格等方面的和谐转换，词性转换这一翻译技巧十分重要。如果译者处理不当，则会导致两种情况，一是译文内容符合英语表达，但不符合汉语表达；二是译文看似符合汉语表达习惯，其内容却不符合英语原文内容。例如："They taught us the value of a chance." 这句话中，"value" 一词在句中充当名词，如果不改变 "value" 的词性，将这句话译为："他们教导我们每一个机会的价值。" 这样的译文虽然英汉语序及语类是一一对应的，但是翻译腔太重，读起来并不通顺。反之，如果把 "value" 这个词当作动词，将原句译成："他们教导我们要珍惜每一个机会。" 通过将原文中的名词 "value" 转换成动词，译文不仅准确传达了原文的信息，而且也符合汉语的表达习惯。词性转换在英汉翻译中十分常见，比如将英文中的名词转换成动词、副词或其他词性，也可将英文中的动词转换成副词、名词、介词及其他词性。鉴于词性转换中转换成动词的情况居多，下面将具体阐述不同词性转换成动词的情况。

（一）名词转换成动词

英语中的某些名词可译为汉语中的动词。在语言词性的使用中，汉语倾向于使用动词，而英语中的名词使用频率较高。因此，在英译汉中，译者不仅需要尊重原文的语义，也要符合目的语的语言习惯，在适当的时候将英文中的名词翻译为动词，使译文更加地道。

首先，一些由动词派生出来的名词，如 discussion、establishment、promotion、discovery 等词，在英译汉时，可将名词译成动词。例如："The promotion of gender equality is one of UNESCO's global priorities."，原句中的 "promotion" 是由动词 "promote" 派生出来的名词，如果不将名词译成动词，则这句话可译为："性别平等的促进是联合国教科文组织的优先任务。" 这样的译文翻译腔十足且语义并不通顺，不符合汉语的表达习惯；如果我们根据汉语的表达习惯将 "promotion" 一词由名词翻译成动词，将原文译为“促进性别平等是联合国教科文组织的优先任务”，则译文会更加通顺。

除此之外，一些具有动作意义的名词，如 visit、taste、fire、rest、smoking 等词，在英汉翻译中，也可将名词译成动词。例如：“The place is worthy of a visit.”，原句中的“visit”是名词，但是它本身带有动作的意味，因此，译者可以将“visit”一词由名词译成动词“参观、看”，这样译文就变成：“这地方值得一看。”这样的译文符合汉语的表达习惯，同时也符合原文的意思。

（二）形容词转换成动词

英语中的一些形容词也可译为汉语中的动词。这些形容词主要是表示情感、欲望、想法等心理状态的形容词，且通常在系动词后面充当表语成分，如 happy、afraid、ignorant、able、anxious。例如：“I am really happy to meet you here.”，原句中的“happy”是形容词，如果译者单纯地将“happy”译为形容词，则原句可翻译为：“我十分开心的在这里遇见你。”很明显，译文不符合汉语的表达习惯。考虑到“happy”在句中充当表语成分且表示人的主观情感，译者不妨将“happy”一词译为“开心、高兴”，则译文是“我很高兴在此遇见你。”通过词性转换，译文不仅与原文意思相符而且符合汉语的表达习惯。

（三）介词转换成动词

英语中的一些介词及介词短语也可以译为汉语中的动词，如 in、at、off、on、up、across、with。例如：“I found him at his book when I came into the room.”，原句中的“at”是一个介词，表示“在（某处）、在（学习或工作地点）”等含义；如果将介词不转译成动词，则译文是：“我走进房间，发现他在书。”这样的译文既不通顺，也让读者不知所云。如果译者根据语境，在理解上下文的基础上，将英文中的介词“at”灵活地译成汉语里的动词“看”，则译文就变成“我走进房间，发现他正在看书。”通过简单的词性转换，将原来不知所云的译文变成了通俗易懂且符合汉语习惯的译文。

三、增减重复法

（一）重复法

重复法是在翻译中，将某个字、词或者短语、句子反复使用的方法。使用重复法除了使译文更符合原文的表达习惯，还能使文字更通顺、流畅，并且有强调的意义。

【示例】Time is treated as if it were something almost real. We budget it,save it,waste it,steal it,kill it,cut it,account for it;we also charge for it.（人们似乎把时间当作一个差不多实实在在的东西来对待。我们安排时间、节约时间、浪费时间、挤抢时间、消磨时间、缩减时间，对时间利用作出解释。）

原文中表示时间的“time”只出现一次，后面都用“it”代替。译文中多次重复“时间”这一词，目的是强调原文中时间的重要性。

（二）增词法

增词法就是将原文中只表达出意思，而没有出现的词语，如连接词、类属词、概况性词和代词在译文中表达出来，从而使译文更生动、更符合原文的语言习惯而用的翻译技巧。

【示例】To him,I am a tedious oddity:a father he is obliged to listen to and a man absorbed in the rules of grammar,which my son seems allergic to.（对他来说，我是一个乏味的怪物，一个他不得不听其教诲的父亲，一个沉湎于语法规则的人，对此我的儿子颇为反感。）

译文中将“教诲”这词增补了出来，使句子更符合汉语表达。

（三）省略法

省略法就是省去原文中一些重复出现的词语或者一些已经被涵盖意义的词语，但原文的意义并没有受到损害的方法，这样使译文简洁并符合原文的习惯。

【示例】Curious about my correction,he asked me what an adverb was. Slowly,I said,"It’s a word that tells you something about a verb. "

（他对我的纠正很好奇，就问我什么是副词。我慢慢解释道：“副词是用来修饰动词的词。”）

译文中将冠词“an、a”及形式主语“it’s”省略，让行文简洁，更符合汉语的表达习惯。

四、归化和异化

（一）归化翻译

在翻译的过程当中，归化翻译也一直都是大家所关注的重点。所谓“归化翻译”是指在翻译的过程中更注重形式和风格，翻译内容要符合目的语，读者读起来比较顺嘴，听起来也比较顺耳，在这种情况下就会让读者更愿意读下去，并不会觉得非常生硬，也不会在读的时候觉得特别别扭。所以，归化翻译是非常具有特点的一种翻译方式，它采用的都是比较规范和流畅的语言来进行翻译，在这个过程中大家会发现它掩盖了文化之间的差异性。在翻译的过程当中，采用归化的翻译方式有其优势，能够让大家更容易理解其内容，让读者更容易接受，并且看起来也不会觉得特别生涩。但是采用这样的方式不容易体现作者的写作风格或文化背景，很难通过这样的方式把原文的文化内涵体现出来，这是在翻译过程中需要注意的一个问题。

（二）异化翻译

在翻译的过程当中，有归化翻译就会有异化翻译，异化翻译主要是将语言上的文学及文化信息保留下来，也就是翻译的文本能够使读者感受到他国文化特有的魅力，也是异化翻译的一大特色，能够将文学信息非常完整地保留下来。读者在读的过程当中不仅可以感受到文化所带来的冲击，更重要的是在此期间体现了文化的差异性，大部分情况下承认这种文化的差异性，将这种差异性体现在了翻译的过程当中。这样的翻译模式趣味性很大，它不仅能够吸收外来语言，同时读者在读译文的时候还能够拓宽自己的文化视野，这对于读者来说也是一种进步。一部分人非常喜欢这种翻译，认为能够体会到一国的风趣，让他们更了解他国的文化，从而拓宽自己的文化视野。

五、其他翻译技巧

（一）重视伸缩

翻译时需重视创造性思维发挥，针对语言进行适当引申，这需要在充分理解表达内容的基础上，与语境结合在一起，这种语义伸缩性与人们在运用语言时的灵活性之间联系十分紧密。具体实施过程中一般可以将其分为以下几方面：抽象转换为具体；一般转换为特殊；特殊转换为一般；具象转换为抽象。例如："The car in front of me stalled,and I missed the green."，"green"本来是"绿色"的意思，但是根据上下文，可以引申为具体的事物"绿灯"。在具体实施过程中，翻译人员必须从原文固有的基本含义出发，不脱离上下文的逻辑联系，通过这种方式能够使语言表达更清晰、明确。

（二）展开合分

对于合分法来讲，主要是在表达过程中，对文章中的段落、语句等进行合并或者是切分。汉语和英语在表达习惯上存在的差异比较大，考虑到表意行文具体需要，翻译时可以运用合分方法。基于词语搭配与词语修饰进行分析，英语中原本搭配在一起的词语，在翻译为汉语以后便会变得不自然。针对出现的这种情况，为确保翻译以后表达的自然性与流畅性，需对原文进行合理拆分。就句子来讲，在汉语表达中主要使用短句，在英语表达中主要使用长句，因此，翻译时通常会将长句切分开，通过短句或者是中句将其表达出来。例如："They worked out a new method by which production has now been rapidly increased."，这个复合句中包含了一个"by which"引导的定语从句，运用拆分法可翻译为："他们制定出一种新方案，在被采用之后产量迅速得到提高。"就段落而言，在过长的情况下，可以将其通过若干短句方式表达出来。在进行合并或切分时，需将句子、段落及词组充分体现。

（三）隐喻变明喻

进行翻译过程中，一般会将翻译理论视为重要参考，当翻译中遇到暗喻时，需结合语境具体内容，找出二者存在的平衡点，将难以被理解的暗喻内容变为明喻形式，使最终翻译出的内容易于读者接受。并且需与相关文本要求和文化背景之间结合在一起，减少由于文化差异而产生的认知障碍。在此基础上，才能使读者在阅读时产生情感上的共鸣。

（四）运用虚实转换

中国和西方由于文化背景存在差异性，因此，人在思维方式上也会存在较大差异。开展翻译工作时，需注重把握虚实转换，提升最终翻译出内容的整体准确性。对于虚实转换来讲，主要是指翻译不要过于机械，不能单纯运用逐字逐句方式进行转换，需运用集中方式体现意义对等，防止思维差异、文化差异对翻译工作有效实施产生不良影响，最终体现翻译内容的准确性。例如："He is a valuable acquisition to the team."，其中"acquisition"的意思为获得物和获得，但是结合上下文，将其翻译为新队员更为合适。翻译中运用虚实转换方式能够将原文中蕴含的内涵充分表达出来，使整体更加合理，保证翻译的整体效果。

第二节 词汇层面的翻译教学

一、英汉构词法对比

英语中普遍公认的构词方法包括复合、转化法、派生法。除此之外，还包括词语新造、首字母缩略法、截搭法、截短法、逆构法等。汉语中的词一般分为单纯词、合成词和缩略词。其中单纯词和合成词是大家比较常见的，而缩略词的出现是伴随着人们生活节奏的加快对语言提出的新要求，即用更少的语言来表达更多的事物。英语和汉语的构词方式非常多，在这里从中选取了最典型的几个方面来展开英汉语构词法的对比：派生法、合成法、转化法和缩略法。

（一）派生法

1. 英语的派生

英语的派生是指在现有词素上添加词缀以形成新词素的形态变化。据统计，英语中超过 2／3 的单词是派生词。英语中的词缀有很多种，通过添加具有不同词根的词缀层可以派生出许多新单词。不同词类是可以通过互相派生来形成的。例如：

（1）名词的派生有以下几种。动词→名词：collection、attraction、teacher、farmer、development、movement。形容词→名词：happiness、illness、difficulty、romanticism、freedom、honesty、width。名词→名词：childhood、friendship、kingdom、membership。

（2）动词的派生有以下几种。形容词→动词：socialize、apologize、popularize、shorten、widen、enlarge、enrich。名词→动词：enjoy、inhabit、imprison。动词→动词：recall、dislike、unfold。

（3）形容词的派生有以下几种。动词→形容词：readable、changeable、acceptable、creative、attractive、definable。名词→形容词：national、joyful、hopeful、careful、foolish。形容词→形容词：unable、unlucky、impossible、impolite、irregular、illogical。

通过这些示例，我们可以知道，如果我们能够掌握英语中常用的词缀，就能通过已知词来判断许多派生词的含义，并且很容易记住它们。掌握这些推导定律将帮助学生更好地理解词缀和单词之间的关系，因此，在词汇学习中，他们就可以得到举一反三的效果。

2. 汉语的派生

在汉语词汇里，也有一些词是由词缀派生而来，例如，“阿、第、初、老”等和“儿、子、头、性、者、化”等分别是常见的传统前缀和后缀。这种传统词缀有很强的创造新词的能力。其中一些传统词缀在创造新词的过程中改变了意义，这意味着它们的使用变得更加活跃和广泛。例如：

老～：老外、老美、老广（广东人）、老妈、老姐、老爸等。

～迷：歌迷、影迷、书迷等。

～盲：文盲、科盲、法盲、股盲、电脑盲、电影盲等。

（二）合成法

1. 英语的合成

英语的合成也叫作“复合”，指的是将至少两个单词按照一定的顺序组合成一个单词的方式。它是指那些由一个以上的词汇语素组成的词，或者是将两个独立的词连接起来产生一种形式的方法。根据词性，复合词可分为复合名词、复合动词、复合形容词等。例如：

合成名词：girlfriend、cowboy、sunlight、countryside、handbook、deadline。

合成动词：Oversleep、underline、moonwalk、outline、spotlight。

合成形容词：English-speaking、peace-loving、man-made、snow-covered。

2. 汉语的合成

复合是创造现代汉语新词最主要的方式。通过复合方法，汉语不仅可以构成名词、动词、形容词和副词，而且可以构成数词、代词、量词、介词和连词。例如：

复合名词：白领、手足、人物、花草、知识产权、工薪阶层。

复合动词：出炉、冲浪、上岗、美体、扶贫、休想、瓜分。

复合形容词：民主、私立、小康。

现代汉语词汇大多是双音节词，但在目前创造的新词中，多音节词越来越多，甚至有许多由五个单词组成的新单词，如安乐死、有机品、高新技术开发区等。这显示出多音节新词越来越频繁的趋势。

（三）转化法

1. 英语的转化

英语的转化（conversion）是与派生密切相关的构词方法，指的是一个单词由一种词性转化成另一种或几种词性。例如：“Send me an email please.”和“Email me please.”，这是 email 从名词向动词的转化；“The water is very cool.” 和 “The coffee will cool down very fast.”，这是 cool 从形容词向动词的转化；“My mother helps me to do my homework.” 和 “He gave me a lot of help.”，这是 help 从动词向名词的转化。

2. 汉语的转化

转化在汉语中的应用不像英语这么严格，词类的分工不够明确，相比起来，汉语更为灵活和自由，这是汉语造句功能强的原因之一。在汉语中，这样的词有习惯、表演、需要、调查、决定、梦想、服务等，这些词既可以作名词，又可以作动词，可以根据实际情境自由转化。

（四）缩略法

1. 英语的缩略

英语中词语的缩略方式主要有截搭、截短、缩略。截搭是指将两个词各自的一部分拼接起来构成新词，且被拼接起来的两个成分均不是语素，一个很典型的例子就是英语中的“brunch”（早午饭），它是由 breakfast 中的“br”和 lunch 中的“unch”截搭构成，其语义和原本的两个词都相关，指的是时间介于早餐和午餐之间的早午餐。截短是将现有的一个长词截为较短的词的过程，主要有截头、去尾、截头去尾等形式。比如：telephone—phone、airplane—plane、refrigerator—fridge、mathematics—math、information—info 等。缩略指的是一种提取短语中每个单词的首字母来表示该短语的方法。比如：GPS（Global Positioning System，全球定位系统）、EU（European Union，欧盟）、AI（artificial intelligence，人工智能）、WTO（World Trade Organization，世界贸易组织）。

2. 汉语的缩略

日常生活中我们通常把缩略理解成“简称”。这种构词方式也是为适应我们快节奏的生活，凡事追求简单应运而生的。一方面，我们可以从原来的词语中挑选出其中一部分语素来构成新的词语。比如，“聊城大学”可以简称为“聊大”，“北京大学”被人们简称为“北大”。这种缩略的例子还有很多，如中华人民共和国——中国，国际贸易与经济——国贸，奥林匹克运动会——奥运会，全国人民代表大会——人大，等等。另一方面，我们还可以借助数词来简略地表达较长的一类词。比如：五育——德育、智育、体育、美育、劳育，四大发明——火药、印刷术、造纸术、指南针，四大名著——《西游记》《红楼梦》《水浒传》《三国演义》。

二、英语词汇翻译方法

（一）英语词汇的理解和表达

首先，对于英语词汇的准确理解对词汇的翻译起到了至关重要的作用。如果对于词汇的理解出现了问题，就谈不上翻译了。比如：“We must make ourselves aware of the past and present of China.”（我们必须意识到中国的过去和现在。）改译：我们必须了解中国的古今（发展）。这里的“past and present”不能简单地翻译为“过去和现在”，而是翻译成“古今”更符合语境。显而易见，对于词汇的词义理解不够准确是无法完成精确翻译的。

在准确理解英文词汇的基础上，要准确表达出这个词在句子和全文中的含义。词汇的表达可是难倒了很多人，经验再丰富的译者也会经常在词义的表达上犯难。平日里我们口中的“忠于原文”，指的就是准确地表达出词汇的意义。仅仅翻译出一个词在字面上的含义有时会造成表达不明确甚至表达错误的现象。例如：“a heavy meal”应翻译成“不易消化的饭菜”，这里的“heavy”就不能翻译成其本意。

（二）词义的转换

词义的转换主要是说词类的转换，指的是在并不改变原文意思的前提下，为了使表达更加通畅、准确，对词汇进行相互转换。比如：名词与动词的转换，形容词与动词的转换，副词和动词的转换，介词词组和动词的转换，介词词组与副词的转换，名词与形容词的转换，以及副词与形容词的转换。汉语的词义单一，但是英文的词汇却可以通过添加不同词缀而变成不同的词性。比如：threat 是名词，意为恐吓、威胁；threaten 则变为动词，意为危及、恐吓；threatened 译为受到威胁的。在翻译中，有的英语词汇无法直译成与之相同的汉语词性，或是译后不通顺，无法表达出原文含义。

（三）肯定变否定，否定变肯定

无论是汉语还是英语都存在肯定与否定之分，但是表达肯定和否定的方式存在一定差异。汉语中的否定带有明确的否定标志，如：不、否、无、非、勿。而英语表达否定的方式却有很多种。除直接出现的否定词“no、not”之外，还有否定前缀、形式肯定意义否定的英语词汇、有否定含义的短语等，如 dislike、beyond、in place of、rather than 等。在翻译中，有时因为中英存在差异，必须采用反译法，即把肯定译成否定，或是把否定译成肯定。

（四）拆分法

拆分法，也叫分译法或拆离法。当一句话过于烦琐或者一个英语词汇过于烦琐时，拆分法可以使句子的翻译更加简明易懂。拆分法翻译分为词的拆分和句子的拆分。一个词在原文中所表达的含义无法用一个汉语词语表达清楚时，可以采用多个词语来解释其含义，适当地增加词汇未尝不可。一个繁杂的从句可以拆分为几部分或几个句子来翻译。

（五）英汉词语混用和音译法

英汉词语混用指的是将英语原文中的词直接原封不动地用在译文中，如 KTV、CD、IQ、NBC 等，这些生活中常见的英文词汇都是直接移植过来的，也为大众所接受，这种翻译方式更加简明好记。但这种翻译方法使用范围有很大的局限性，翻译时要格外慎重英文词汇的发音。这种方式适用于：人名的翻译，如 Churchill（丘吉尔）; 地名的翻译，如 Australia（澳大利亚）; 原来没有的事物直接音译，如 coffee（咖啡）。

（六）适当增加或减少词语

英语词汇和汉语词语互译有时无法做到一一对应，这时就需要通过增加词语或者减少词语来使语义更加明确流畅。有些英语词汇的意义在字面上并没有清楚地表现出来，却需要在翻译的时候将其意义表达出来。而有些英语词汇表达烦琐，所以在翻译过程中需要省略不必要的词语来使句义简明易懂。英汉语法存在很大差异，比如一些冠词和代词的使用。因此，在翻译过程中可根据原文省略部分冠词和代词。在翻译文学作品中，可根据语境适当增加修饰词来使内容更加生动。

第三节　段落层面的翻译教学

众所周知，段落是由各种各样的句子构成的，句子则是由各种各样的单词、短语、从句组成的。在进行段落翻译时，就要对其中的短语、从句等进行语法层面的分析，如做定语、状语还是补语等。

一、英汉句子结构对比分析

（一）英语句子注重结构，汉语句子注重语意

英语句子注重形合，而汉语的句子更注重意合。如“I'm looking for something.”（我在找东西。）这句英语侧重短语间的衔接与规则，而这句译文更侧重语意表达完整。英文句子结构是：主（I）、谓（am looking）、状（for something）。中文句子结构是：主（我）、谓（找）、宾语（东西）。我们对英语的句子感到不适应，主要是由于英语的句子成分的位置关系与中文有所不同。英语中各个句子成分的位置与中文句子中各个成分的对应关系如下所示。

汉语句子成分：（状语 1）+ 定语 1+ 主语 + 状语 2+ 谓语 + 定语 2+ 宾语 +（状语 3）。

英语句子成分：（状语 1）+ 主语 + 定语 1+ 谓语 + 状语 2+ 宾语 + 定语 2+（状语 3）。

特点：（1）主谓宾与主系表基本相同；（2）英语中定语、状语后置。

【示例】汉语顺序：有时候，领导说的话本质上是毫无指导意义的废话。英语顺序：有时候，话领导说的是本质上废话毫无指导意义的（Sometime,the word of leaders say is essentially garbage with none of guiding significance.）。

在汉语的表述里，别人对你说感谢，此时你的回答多半是“没关系”“不用谢”之类的，在应答“Thanks a lot,that's a great help.”时，如果按照语法规则直接翻译过来说“Never mind.”或者“It doesn't matter.”的话就产生了语用失误。这就是汉语言文化和英语翻译结构的不同之处。在英语中，对应的表达应该是“Don't mention that.”或者“You are welcome.”“That is all right.”，而按照汉语言翻译过来的“Never mind.”和“It doesn't matter.”则不符合语法要求。英语中，“Never mind.”和“It doesn't matter.”是经常用来回复对方表示道歉的时候，用在这里就不对了。又如，当听到外国朋友说“My mother is seriously ill.”时，我们通常是将自己的情绪用英语表达出来，此时说出来的话就不符合当时的情境。我们应该

按照英语的习惯回答说："I am very sorry to hear that."，而不能按照汉语的习惯说成"Don't worry."，这容易产生误解，发生语用失误。再如，"of course"在汉语中相当于"当然"的意思，我们也习惯在口语交际的过程中用"of course"表达"当然"的含义，但在西方人的使用习惯中，"of course"与"当然"虽然意思相同，但却具有不同的语用含义。当外国朋友询问某件需要得到肯定回答的事情时，如果我们使用"of course"，就会被对方误认为我们怀有轻蔑的意思，是对他的智商表示怀疑，所以这时我们要回答"yes"。

（二）英语形态丰富，汉语形态较为单调

英语属于印欧语，有丰富的形态变化。在英语中，词类和句子成分是一一对应的。这就是说，在英语中，名词就作主语或宾语，动词就作谓语，形容词就作表语或定语。如果动词想作主语，那必须变换形式，变成动名词或者"to do"结构。而汉语由于缺乏严格意义上的形态变化，所以汉语的词类和句子成分之间不是一一对应的关系。在汉语中，名词可以作主语或宾语，也可以作谓语，时间名词和方位名词还可作状语。有时候英语的一句话可以包含多种语态，但用汉语翻译过来就是很直白的一句话。有时候一句英语可以由四个独立句构成，前三个句子可以用一般将来时，最后一个句子用的是将来完成时，句子之间的关系通过时态、逗号和并列连词"and"表示得一清二楚。而汉语译文明显就是简单地叙述。

（三）英语句子表达间接，汉语表达直接

英语在表述上比较委婉、含蓄，这一点上在表示死亡时比较常见，如"pass away""go to a better world""sleep with one's fathers"等。而汉语中就是简单的逝世、寿终等。英语多被动，汉语多主动。一般英语与汉语在语态上的较大不同就是英语常使用被动表达主动，这在大多数场合下都能遇到，如不愿说出主动者或不必说出主动者或为了连贯上下文等。这里举个简单的例子："This book has already been translated into Chinese."，这句可译为：这本书已经翻译成中文了。

二、英语简单句的五种基本句型结构

（1）S+V（主语＋谓语）

例句：Lucy smiled.（露西微笑了。）

They are talking in the room.（他们正在房间里谈话。）

（2）S+V+P（主语＋系动词＋表语）

例句：She looks happy.（她看起来很开心。）

The trees turn green.（树变绿了。）

（3）S+V+O（主语 + 谓语 + 宾语）

例句：The children read books in the library.（那些孩子们在图书馆里看书。）

My family are having breakfast now.（我的家人现在正在吃早餐。）

（4）S+V+IO+DO（主语 + 谓语 + 间接宾语 + 直接宾语）

例句：She bought me a nice kite.（她给我买了一个好看的风筝。）

Tom will pass the ball to Kate.（汤姆将把球传给凯特。）

（5）S+V+O+C（主语 + 谓语 + 宾语 + 宾补）

例句：They kept their classroom clean yesterday.（他们昨天保持教室干净。）

The mother makes her son drink milk every day.（那位母亲让她的儿子每天喝牛奶。）

扎实掌握简单句中的五种基本句型对英语学习者来说非常重要。在分析这五种句型的过程中，教师可以考虑从课本上原有的句子出发来举例子，这样可以使学生对句子的印象更加深刻；并且从比较简单的句子到复杂一些的句子进行举例，由浅入深，循序渐进。同时，还要分析句子中的主语、谓语、宾语、定语、状语和补语分别是什么，主系表结构中的系动词和表语各是什么。告诉学生，一个简单句中很可能包含着主语、谓语、宾语、定语、状语和补语中的一些成分或所有成分，而在分析五种基本句型时，定语和状语是不包含在这些句型分析之内的，故无须对其进行分析，但要让学生清楚定语和状语的含义及在英语句子中所处的位置以免学生混淆不清。同时还要通过大量例子引导学生主动参与、认真思考、积极探讨、分析归纳，以便能更好地掌握句型结构。

三、英语从句的翻译

（一）定语从句的翻译

1. 前置法

前置法就是将定语从句翻译成带有“的”的句子，并将翻译后的句子放置在被修饰的词语的前面，这种方法能够将复杂的定语从句翻译成比较简单的汉语句子。但是这种方法的使用是有限制的，它一般用于翻译比较短的限制性定语从句。

【示例 1】Anyone who breaks the rules should be punished.（任何违反了规则的人，都要受到惩罚。）

【示例 2】The teachers who are kind are popular with the students.（态度和蔼的老师会受到学生的欢迎。）

2. 后置法

定语从句有长有短，面对那些比较长的定语从句，就不能再使用前置法来翻译了。因为使用前置法翻译，会导致翻译后的句子不符合汉语的表达习惯，让人觉得别扭。因此，这时需要将定语从句翻译成并列的分句，并将其放置在被修饰词的后面，这就是后置法。另外，在翻译这一类定语从句的时候，一般需要遵循以下原则：如果将原句中的先行词翻译并保留，那么在第二分句中就需要对该先行词进行重复，以保证语句通顺；如果要省略，那么两个分句中就都不能出现先行词。

【示例】This is our headmaster，who I think has something to tell you.（这是我们的校长，我认为他有事情要告诉你。）

3. 融合法

融合法就是将主句和从句翻译之后合并成一个句子的翻译方法。这种方法主要用于翻译限制性的定语从句，尤其是含有“there be”结构的句子。除此之外，当一些复合句式的主句很简单时，我们可以将主句进行压缩变成汉语的主语，将从句翻译成谓语，再将它们合并成一个句子。

【示例】There is a girl who is waiting for you downstairs.（有个女孩在楼下等你。）

4. 转译法

有些定语从句虽然看似属于定语从句，但却在扮演着状语的角色。对这些定语从句进行翻译的时候可以将其翻译成汉语中的偏正复句或者时间状语短语，保证语句在翻译后能够通顺。

【示例】A driver who is driving the bus mustn’t talk with others or be absent-minded.（司机在开车时不许和人交谈，也不能走神。）

（二）状语从句的翻译

主从复合句中充当状语的句子叫状语从句。状语从句可以在主句前或主句后，可以分为时间、条件、原因、目的、让步等几种，由从属连词引导。

1. 时间状语从句

时间状语从句常由 while、when、as、as soon as、till/until、before、after、since 等引导。当“while”表示“……时候”时，强调在某事发生或进行期间，

所引导的从句谓语动词通常是延续性动词。当强调主句和从句动作同时发生且两句都用过去进行时的时候，多用“while”。而当“when”表示“……时候”时，既可指具体的某一时间点，也可指一段时间中，故它引导的从句谓语动词既可为瞬间性动词也可是延续性动词。“when”还可表示“在某事发生之后”，引导的时间状语从句谓语动词仅为瞬间性动词，且整个句子遵循“主将从现”规则。“while”表示对比时，引导并列句，用来说明或者强调两种情况的不同。till/until 在肯定句中表示“直到……为止”,，主句用延续性动词。“not...until...”表示“直到……才……”，主句用瞬间性动词。“as soon as”表示“一……就……”，从句常用一般现在时或一般过去时。当主句和从句都表示将来发生的情况，主句用一般将来时，从句用一般现在时表示将来。例如：“He told us the good news as soon as he got home.”（他一到家就给我们讲了这个好消息。）“since”表示“……以来”，从句常用过去时，主句用一般现在时或现在完成时。

2. 条件状语从句

引导条件状语从句的连词或词组有 if、unless as long as 等。当主句是一般将来时，或者含情态动词，或者为祈使句时，从句用一般现在时，即“主将 / 主情 / 主祈从现”。“if”引导条件状语从句时，“if”表示“如果”。当“if”引导宾语从句时，不同于引导条件状语从句，从句的时态要结合具体语境而定。“unless”译为“如果不，除非”，相当于“if...not...”。同“if”一样，“unless”引导的从句时态也遵循“主将 / 主情 / 主祈从现”规则。当主从复合句中的条件状语从句由 if 或者 unless 引导时，可以根据句意转换为“祈使句 +and/or+ 陈述句”的形式。

3. 原因状语从句

原因状语从句常由“because”引导。“because”引导的原因状语从句，可以置于句首或句末，用于回答“why”提出的问题。“because”引导的原因状语从句所在的复合句可以和“so”引导的并列句进行互换，但“because”和“so”不能在一个句子中同时出现。

4. 目的状语从句

目的状语从句通常由“so that”和“in order that”引导。“so that”和“in order that”译为“为了，以便”，引导的从句中谓语常含有 can、could、will、would 等。其中，“so that”引导的目的状语从句只能放在主句之后，而“in order that”引导的目的状语从句既可放在主句前，也可放在主句后。当“so that”或“in order that”引导的目的状语从句的主语和主句的主语一致时，可分别转换为含有“so as to”或“in order to”的句子。例如：“He got up early in order that he could catch the early bus." "He got up early so that he could catch the early bus." "He got up early in order to catch the early bus." 这句表达的意思相同。

5. 让步状语从句

让步状语从句常由 although/though、even though/even if，或者"no matter+ 特殊疑问句"等引导，可位于句首，也可位于主句之后。"although/though"译为"虽然，尽管"，用于引导让步状语从句，其所在的复合句可以和由"but"引导的并列句转换，但"although/though"不能与"but"同时出现。"although/though"可与"yet/still"连用。例如："Although it is very cold，yet he wears a T-shirt."（尽管天气很冷，他却只穿了一件 T 恤。）

"even if/even though"译为"虽然，即使"。例如："I enjoy it even if /even though it's hard work."（虽然工作很辛苦，但我很喜欢。）

"no matter+ 特殊疑问词"的常用句式为"no matter+ 特殊疑问词 + 主语 + 谓语"，"no matter"译为"无论"。例如："No matter when you come Sanya，you can have a good time."（无论你何时去三亚，你都可以玩得很开心。）

（三）名词性从句的翻译

（1）在翻译主语从句的时候，由 what/whatever 等代词引导的从句要求按照原来作品的顺序进行翻译。其中，以"what"引导的从句可译为汉语中的"的"字结构或译成"的"字结构后适当增词。例如："What he told me was half-true."（他告诉我的是半真半假的东西而已。）以"it"作形式主语的从句，可以具体情况具体分析。将主语从句放到前面进行翻译或者不放到前面，这两种方法都可以。

（2）在翻译宾语从句的时候，有以下情况的从句，不必提前到修饰成分的前面，只要按照顺序翻译就可以。例如："Can you hear what I say？"（你能听到我讲的话吗？）

（3）翻译表语从句的时候应该遵循与宾语从句一样的要求，按照原来文章的结构顺序进行逐段逐层的翻译。例如："This is what he is eager to do."（这就是他渴望做的事情。）

（4）在翻译同位语从句的时候，跟其他从句一致。同位语主要是对名词性成分深入阐释，其中单词、短语或从句都可以作同位语。在翻译时并没有对同位语的顺序做过多规定，一般可以保留同位语从句在原文的顺序，也可以把从句放在前面。例如："He expressed the hope that he would come over to visit China again."（他表示希望再到中国来访问。）此外，在翻译时还可以采用增加"即""以为"，或用破折号、冒号将同位语从句与主句分开的方法。

（四）英语长句的翻译

1. 英语长句翻译的难点

（1）逻辑关系。逻辑，在语言中是非常关键的要素。不论是口语表达，还是书面语言，都需要确保句子的逻辑合理。英语从本质上来说，就是一种形式化与逻辑化的语言，对于语法的要求很严谨。一旦语法出现错误，就可能会导致句子的逻辑产生很大的偏差，从而影响到翻译的准确性。例如，对于最基本的进行时的时态，就有现在进行时、过去进行时、将来进行时等几种不同的语法形态。而这几种不同的语法形态，和内在的语言逻辑是直接相关的。如果是单句或短句，理顺其中的逻辑关系是比较简单的。但是对于英语长句，由于句子中可能包含多个层次的逻辑，这就大大提升了逻辑理解的难度，在进行翻译时就可能出现逻辑上的错误，从而造成翻译不准确的情况。

（2）文化差异。在英语长句的翻译中，还有一个不可避免的难点，那就是文化差异。从英语翻译的角度来说，不论是学习英语，还是从事英语翻译工作，相关人员大多是从小在汉语环境中成长的，形成了根深蒂固的汉语思维，同时受到汉语文化的影响，在思想观念、价值理念等方面，都呈现东方化的特征，属于典型的东方文化。而英语，代表的则是西方文化。东西方文化存在很多差异，不论是思想观念还是价值理念，都存在明显的区别。而翻译者受到根深蒂固的汉语文化限制，在进行英语长句翻译中，就不可避免地会代入汉语文化思维，这样一来，便可能导致英语长句的翻译出现困难。由于文化差异的存在，一些长句的翻译无法准确表达出原本的意思，这就让翻译无法有效地体现原本的英语语言魅力。

（3）时间限定。英语长句翻译，在一些情况下存在时间限定的因素，这会增大翻译的难度。例如，对于英语同声传译和交替传译来说，它们都需要在发言人说话的过程中或是说完话之后，译者要及时作出反应，将信息快速翻译出来。在这样的情况下，译者拥有的翻译时间非常有限，需要在最短时间内理解英语长句的内容和逻辑，然后将其快速转化为目的语。而在其他一些翻译领域，比如翻译英语文学作品或是英语新闻等，也存在相应的时间限制，要求翻译人员在规定的时间内完成翻译任务。译者如果没有足够的时间去细细分析英语长句的内涵与逻辑，在翻译上就可能会出现词不达意的问题。

2. 翻译策略

对于英语长句的翻译，在策略把握上，需要结合英语句子的基本句型特点来进行翻译。对于复杂的英语长句而言，它可以分为重心部分和非重心部分。重心部分，是长句的核心关键，是重要的组成结构，也就是所指的句子主干结构。针对英语长句进行翻译时，就需要将长句的各组成部分分别找出来，明确每个组成部分之间的关系，理解其中的内涵与逻辑，然后再结合汉语的表达方式进行翻译。具体来说，英语长句的翻译策略，可以分为以下几个步骤。

一是对英语长句的重心部分予以确定，明确句子的主干结构。具体来说，主谓宾是长句的核心主干，在面对一个英语长句时，需要先确定这些结构。然后对句子的主句和其他句子成分予以确定，在整体上把握英语句子的结构。

二是针对确定的长句的主干结构，要将其中的主谓宾结构进一步细化，明确其中的逻辑关系。与此同时，还要对修饰成分的非谓语动词予以明确，对插入语等其他成分予以把握，明确这些成分所修饰的具体内容。

三是要对句子的连词和从句引导词加强把握。在英语长句中，会涉及很多连词，比如 and、but、or 等。此外，从句成分往往也需要引导词来引导，比如 that、which、who 等。连词一般是连接了并列的句子成分，和前边的成分处于同等逻辑层次上。而引导词往往是引出从句，这就需要结合从句的具体类型做进一步的分析。

四是要确定句子的代词指代。在英语长句中，还会存在一些代词，这些代词往往用于指代某些内容，而在翻译时需要具体明确这些代词所指代的具体内容，如 it、that 等，并将这些代词指代的具体内容切实把握。

五是要将英语长句中的短语找出来，确定其具体内容和结构组成。在英语表达中，有很多短语，比如不定式短语、介词短语等。在进行英语长句翻译时，需要明确这些短语所指的具体内容。

六是厘清句子中的固定搭配和固定词组。在英语句子中存在不少固定的搭配或是词组，这些固定搭配和词组的意思表达和使用场景往往比较固定，翻译时可以直接迁移。总的来说，在进行英语长句翻译时，需要把握以上策略，分清主次，有条不紊地对英语长句的结构和成分进行分析，明确整个句子的具体构成和内在逻辑，从而确保英语长句的翻译能够达到理想的效果。

3. 英语长句的翻译技巧

（1）化繁为简拆分句子法

化繁为简拆分句子法，是指在阅读理解的过程中如果遇到十分冗长、结构层次不分明的句子时，可以将复杂的长句根据其内部逻辑结构，拆分成几个简单句，从而将复杂的句子简单化。众所周知，汉语和英语属于不同的语系，故而其句法形式上差别很大。英语重“形合”，其句子结构是一种“葡萄形”或“树枝状”的句式结构，英语长句中往往有一个较短的主句，然后借助连接词语在句子中包含、嵌套甚至是并列很多从句、并列句或非谓语成分等。这种句子的结构十分复杂，逻辑层次也比较多，理解起来极为不容易。而中文则重“意合”，其句式结构为“竹节状”，句子大多较短，像竹节一样一个短句接着一个短句，各短句之间靠意义衔接，而非逻辑结构，哪怕句子很长也不会特复杂。所以，在遇到理解起来很困难的英语长句时，可以将长句进行拆解，并对其逐个理解。

例如，“Randall said he was motivated to take the lead on the environmental issue for his school，because he wanted his students to have someone to turn to in the building who understands what’s at stake when it comes to climate change.”，这句话包含 41 个单词，由 1 个主句与原因状语从句、定语从句、宾语从句和时间状语从句 4 个从句组成，从句之间也存在着嵌套的现象，句子长，结构复杂，理解难度大。所以，在进行理解时，可以先根据其逻辑的紧密程度将其拆解，得到“Randall said he was motivated to take the lead on the environmental issue for his school”“because he wanted his students to have someone to turn to in the building ”“who understands ”“what’s at stake ”和“when it comes to climate change”5 个部分。它们分别翻译为“兰德尔受到激励决定在自己的学校环境问题上身先士卒”“因为他希望他的学生中能有人致力于这座建筑的环境问题”“这个人应该理解”“什么是利害攸关的事”“当提到环境问题的时候”。可以发现，在将原句拆分成简单句后，句子的意思就变得非常容易理解，而且各句间的内部联系也变得清晰明显，这样就比较容易理解该句话的含义了，即“兰德尔受到激励决定在自己的学校环境问题上身先士卒，因为他希望他的学生中能够有一个在提到环境问题时就能理解到其利害关系的人致力于这座建筑的环境问题。”从这个例子就能看出，句子拆分法能够轻松处理长难句，尤其是包含从句比较多的长难句。

再如，“ Short-term，or working memory，is a way of describing most people’s ability to store a small amount of information for a brief period of time in a readily accessible form.”，这句话包含 30 个单词，虽然没有复杂的从句，但理解难度却仍然很高，这是因为该句的句子成分特别复杂，除主句之外，还包含了目的状语、时间状语和方式状语等，如果不仔细分析句子各成分，就会让读者一头雾水，找不到头绪。如果按照上述句子拆分的方式将其拆分成一个个小的语块，就会得到“Short-term，or working memory，is a way of describing most people’s ability”“to store a small amount of information ”“for a brief period of time”和“in a readily accessible form”

几部分。各部分的意思大致为“短期记忆，或工作记忆是一种方式，它用来描述大多数人的一种能力”“来存储少量信息”“在短期内”“以一种容易访问的形式”。将整个句子拆分成几个语块后就能很清晰地分析出各部分的逻辑关系了。该句子的中心大意是解释“短期记忆”是什么，状语成分分别介绍短期记忆形成的目的、持续长度和工作方式。分析到这里，就能很清晰地理解这个句子到底要表达什么内容了，即“短期记忆，或工作记忆是一种方式，它用来描述大多数人在短期内以一种容易访问的形式来存储少量信息的能力。”这个例子通过对成分复杂的长难句简单化处理，再次表明，拆分法是处理长难句比较行之有效的方法。

（2）部分到整体代入语境法

一提到难句，很多人就会立马和长句联系起来。长句固然难，然而学生在阅读中也会经常发现这样一些句子，它们很短，也没有复杂的句式，但如果按照其字面意思理解却怎么也说不通，这种就是短难句。面对这样的短难句，比较好的方法就是从整体入手，采取代入语境推测含义的方式去处理。阅读是一项很复杂的活动，它不仅仅是单词或句子字面意思上的堆叠累加，有效的阅读在很大程度上都需要依靠语境的帮助。有些单词或句子只有在特定的语境中才有意义，而有时同一个单词或句子在不同的语境中也会有不同的含义。所以，在阅读时一定要学会将句子融入语境中，只有将句子代入语境中，先去深入地理解其中的语境，才能更好地对英语阅读内容进行深化理解。例如，“A rooster will decide you got too close to his hens and give you a run for your money.”，如果按照字面意思理解这句话，可能会理解成“一只公鸡会判断出你离它的母鸡太近了并为了你的钱和你赛跑”。但若真的将“give you a run for your money”理解成“为了你的钱和你赛跑”的话，显然是说不通的，因为鸡的世界里根本没有金钱的概念，故而不会为了钱和你赛跑。如果从整个句子的语境出发去推测后半句话的意思，就会发现，前半句描述的是“你离母鸡太近了”，而这一原因就会让公鸡感受到威胁，为了保护母鸡，从而追逐并驱赶你，故而句中的“run”就可以理解成“驱逐、追赶的意思”，而公鸡在驱赶时那种紧追不舍的状态就像人们为了抢钱而拼命纠缠一样。所以，我们综合起来理解就可以将这句话理解为“一只公鸡要是判断出你离它的母鸡太近了便会像抢钱一样地拼命追赶驱逐你”。这样，用代入语境的方法就把一个匪夷所思的句子合情合理地分析出它的意思。

四、英语段落翻译习得性无助现象及应对策略

（一）习得性无助

习得性无助是指个体经历了某种失败后，在情感、认知和行为上表现消极的、特殊的心理状态，最终导致其害怕失败，极力避免做可能失败的事情，情绪抑郁、焦虑，并以自暴自弃的形式表现出来。

习得性无助情绪的出现会使学生的认知产生偏差，降低其学习动力，使学生出现畏学或厌学的现象，进而产生无助感，最终导致放弃学习。另一方面它也容易使学生产生消极情绪，进而扩散到生活的各个方面。在翻译学习中，学生有可能因为多次翻译考试的失败，进而对翻译、英语等产生消极情绪，尤其是对于英语专业的学生，有可能因此而觉得自己的专业知识不够好，而对工作不抱希望。

（二）段落翻译中习得性无助产生的原因

由于段落翻译是受译者、读者、委托人要求等多种因素的影响，同时由于段落翻译篇幅较长，段落难度不定，是一个需要译者耐心、细心且长时间自己思考多方面问题的过程。翻译的客观条件容易使学生产生挫败感，从而形成习得性无助的现象。下面将从主观和客观两方面原因进行分析。

1. 客观原因

（1）段落翻译考查学生的综合能力，它不是单一地考核学生某一项翻译技巧，而是考查学生综合运用的能力，是对英语语法、理解、表达能力的综合考量，然而多种能力的提高并不是一蹴而就的事情，但因段落翻译分值较高，学生想迫切得到较高分数，于是能力和愿望之间形成落差，因此，学生会出现挫败感。

（2）段落翻译需要学生有较强的自学能力。尽管教师在课堂上会讲授翻译技巧和方法，但不同于句子翻译，讲与练之间间隔时间可以较短，学生理解后，教师可以马上组织学生进行针对性的练习。而段落翻译由于课时有限，教师不能对每一句翻译都进行讲解。课堂上进行段落翻译的时间更是有限，因此，需要学生在课下多加练习，但是由于段落翻译本身时间较长，过程也略显枯燥，因此，学生自己练习的翻译质量就有待商榷，而翻译后学生能够自行参考译文进行分析的学生较少，没有通过对比使自己的翻译水平得到提高。即使通过对比看出自己与答案的语言差距，学生也很难准确地找到产生差距的原因，不知道如何提高自己的翻译水平。

2. 主观原因

从主观原因上讲，由于学生产生了“我翻译不好”的消极情绪因而产生畏惧，当再次进行段落翻译练习时，其行动力不足，即使勉强坚持练习，时间也少于开始，逐渐便形成了主观认为翻译不好进而练习少，又因为实践少对翻译的理解不够透彻，导致翻译质量不高的恶性循环。

（三）段落翻译中习得性无助现象的应对策略

1. 教学者采取的措施及办法

（1）采用积极的教学评价。传统的教学模式是以纠错的思想为基础的教学模式，因此，教师过分关注学生的错误，而教师的批评容易引起学生产生“我不行”的心理，进而使学生对自己产生消极评价。认为“我翻译不好”成为常态。在段落翻译中教师应在多个考查点中找到学生的闪光点，鼓励学生多进行尝试，不要出现以偏概全的评价语言，如“你翻译的质量太差了”等。同时，教师应将学生成长或提高了多少作为成功标准，而不是以结果论成败。

（2）采取灵活的教学方式，培养学生对段落翻译的积极情绪。段落翻译练习与讲解可以将学生分成小组，以小组为单位进行翻译练习，每次可以调换小组成员，以报告的形式分析段落翻译所需注意的要点、翻译中出现的难题、翻译亮点等。同时，每个小组可采取不同的翻译材料，降低段落翻译过程的枯燥程度和难度，使得学生乐于参与其中。让学生在小组任务中领悟到一定段落翻译的知识后，再尝试让学生单独进行翻译练习，以确保学生积极参与的同时，循序渐进增加难度，培养学生的成就感。

2. 学习者采取的措施及办法

正如前文所说，段落翻译练习多是自学的过程，因此，学生自己能够调节学习节奏和学习情绪也显得尤为重要。有案例表明，被试者习惯地培养积极情绪可有效提高被试者的积极情绪，从而有效改善习得性无助的现象。如学生在早上或图书馆里可以保持专心学习，那么当学生出现习得性无助后，可根据自身的情况在自认为状态较好时进行段落翻译的练习，可以用奖励的方式来鼓励自己在翻译中表现出色的地方。

第四节 语法层面的翻译教学

一、语法隐喻在翻译教学中的应用

“语法隐喻”概念最初是英国著名语言学家韩礼德（M.A.K.Halliday）在1985年的《功能语法入门》一书中提出的。语法隐喻是比较常见的语法形式，其作用机理是将一种常见的语言形式转码为另一种以传递潜藏意义为主的语法形式。语法隐喻也被称为“隐喻式”技法。韩礼德曾经表示，语法隐喻的作用范围比较广泛，不但语义层面和功能层面上可以进行转码，词汇层面上也可以进行转码。但根本目的集中在一点上，也就是要通过不同的表达方式来调整意义传递的效果。系统功能语言学中，语言被称为具有特殊社会意义的工具。而不同的文法形式又负责传递不同的意义，语法隐喻是在传递不同意义的基础上，再一次调整信息传递形式的基本工具。在人类的语言模式中，并不是所有信息的传递都需要以直白的形式为主，更多情况下人们需要将语义适当“模糊”处理，使得信息在公开传递的状态下，还能“有选择性地”传递特殊信息。这便是语法隐喻的特殊作用，也是其具有特殊价值的关键所在。语法隐喻所能达到的信息传递效果，是一般语言表达形式无法达到的效果。因此，在一些文法特殊，且需要起到广义的信息传递作用的文本形式中，会使用语法隐喻来提升语篇的实际价值。

（一）语法隐喻的常见分类

1. 概念性隐喻

概念性隐喻这一理论最初由乔治·莱考夫（George Lakoff）提出，他认为人们日常使用的语言中就存在大量的隐喻性表述，这些表述构成了人类语言的概念系统。而概念指的是人们对一般事物的认知经验，是人们所理解的事物的本质及对本质的语言转述。“时间就是金钱”这句话，就是十分经典的概念性隐喻的例子。时间明显不属于金钱，二者之间也没有形式上或构成上的联系，但人们的认知中普遍认为时间和金钱都是十分珍贵的资源，故而会将时间比作金钱，隐喻时间是珍贵的资源。这种隐喻实际上可以被细分为“意象式”隐喻，而意象是概念的一种，是人们对模糊抽象的心理活动转化为实体后的成果。因此，概念性隐喻本质上指的就是人们对所见事物通过语法进行“范畴化”，继而以语法隐喻来指明其内在成分的技巧。

2. 人际隐喻

人际隐喻是以社交语境为主的隐喻方法，可分为语气和情态两个隐喻类别。语气隐喻发生在不同视角内，不同的话语者代表着不同的角色，为了凸显自身的角色定位，达到某种特定的言语目的，需要对语气进行调整来起到对应的作用。而当体现形式区别于一般常见的表达形式时，便构成了语气隐喻。语气隐喻实际上属于语气变异的一种，是常见语气转向非常见语气的领域转移。情态隐喻是通过将语句内一些情态词语进行调整而达成的隐喻效果。依照上文描述可知，人际隐喻的本质作用就是委婉表达，将自己的目的隐藏在某种语境下，来用委婉的陈述性语句，在维持正常交际形式的同时，在话语中实现预期目标。在新闻语篇语境下，人际隐喻还可以通过语言转化来调整原文中的口语成分，继而从整体上起到提升文本严肃性的作用。

3. 语篇隐喻

语篇隐喻源自系统功能语言学中的语篇纯理功能，主要用来表明“主位结构”中的主位表现情况。

示例：他什么时候来，我不知道；他怎么来，我也不知道。

译文：① When and how he comes，I don ’ t know.

② I don’t know when and how he comes.

结合主位结构分析，示例中的主位结构有两个，分别为被投射的部分，属于有标记主位。译文①合并两个主位结构，充当主位的成分即是被投射部分，也为标记主位；译文②中的主位为“I”，为无标记主位，原文被投射的部分则为译文中“述位”中的一个组成。由上可知，译文①为一致式，译文②为隐喻式。由于该隐喻式是主位结构，所以可视为语篇隐喻。

（二）一致式和隐喻式概括

当分析语言过程时，可知一个单词具有几个不同的含义，而同一个含义也可具有多种表达，比如单词“blue”就有不同的意义。例如：

（1）The bird fly in the blue sky.（小鸟在蓝色的天空中飞翔。）

（2）He’d been feeling blue all week.（他整个星期都郁郁不乐的。）

句子（1）中，“blue”为字面含义，即“蓝色的”；句子（2）中，“blue”表达的为隐喻含义。

同一个含义的不同表达，例如：

（3）A：Please give me the remote control.

B：Yes，I'll give it to you.

（4）A：Can you give me the remote control？

B：Yes，I'll give it to you.

句子（3）和（4）所表达的意思相同，而句子（3）为祈使句，句子（4）为疑问句。根据语法结构功能，使用祈使句表达命令功能，与外部事态更加接近，而疑问句则用来表示提问，可表示命令和要求等，因此，句子（3）为一致式，句子（4）为隐喻式。

（三）充分利用名词化隐喻进行语篇分析

名词处理也称为“名词化”，是语法隐喻中最常见、最通用也是隐喻效果最好的一类技巧。名词化的特殊价值在于，一方面它可以保留名词的叙述和论述功能，有效为听者传达语义层面上的基本含义。另一方面也能够以修辞成分为主，去传达形容词才能传达的含义。而且在名词化处理过程中名词的附加成分可以被有效释出。名词处理的形式分为过程的名词化、属性的名词化、关系的名词化及环境成分的名词化。名词处理可以有效重组语篇信息，实现对文章客观性的充分升级，也可以有效压缩信息度，以加大词汇密度的形式去强化行文的简洁性。

韩礼德通过对英语科技语篇的研究得出结论，科技语篇的语法隐喻在语义层面体现为“事物化”趋势，在语法上为“名词化”。他通过分析概括出概念隐喻的 13 种类型，其中有 4 种与名词化相关，如表 4-4-1 所示。

表 4-4-1　韩礼德（M.A.K.Halliday）名词化理论

语义	语法
性质—实体	形容词—名词
过程—实体	动词—名词
环境—实体	介词—名词
关系—实体	连词—名词

韩礼德认为在语法隐喻中，名词化是语法隐喻中最为常见的形式。名词化概念语法隐喻涉及性质、过程、环境成分、连接成分或者无人称形式向个体转换，在词汇语法层面体现为在一致式句子中的形容词、动词、介词和连词向隐喻式句子中的名词转换。关于主语的选择，认知语言学的认知语法识解观为系统功能语言学的及物过程小句的参与者、过程和环境成分的非常规（隐喻式）使用提供了

认知解释：主语的选择是焦点突显问题；从更广的意义上说，不同的小句结构侧重的是识解的经验现象中不同的部分或者关系。

示例：In India and elsewhere the easy availability of groundwater has encouraged the cultivation of thirsty crops in water — stressed areas.（隐喻式）

In India and elsewhere people avail groundwater easily and this encourage them to cultivate thirsty crops in water — stressed areas.（一致式）

从上述例子可以看出，“availability”是“avail”名词化的结果。通过语法隐喻，“avail”失去动词作为过程的特征，而被名词化为比过程更稳定的实体，成为其他新过程的主语。此外，原本起着修饰作用的副词“easily”也随之转换为形容词“easy”。根据统计可知，名词化是科技语篇的一个典型特征。科技语篇中存在大量名词化的原因在于，动词作为过程的属性有其固有的问题——过程是短暂的且不持久的。而名词化将过程转换为实体，与过程相比，实体更为稳定，在时间上是持续存在的，并且容易分类。

二、语法翻译法与交际法在语法教学中的联合应用

（一）语法翻译法

翻译法是英语语法教学中运用最为广泛的一种方法，教师在讲解语法的基础上，通过英语翻译，让学生理解英语知识。在教学实践中，翻译法可以分为不同的形式，例如，教师可以选出一些例句，让学生练习翻译，还可以英汉互译，让学生在对比中熟悉英语的语法规则。翻译法的教学优势比较明显，例如，在翻译过程中，学生可以接触不同类型的语句，这可以帮助学生理解复杂的语法知识。在英语和汉语对比学习、相互翻译的过程中，学生可以提升对句法结构、语言结构的理解水平。但是，翻译法教学的缺点也不容忽视，由于很少进行口语实践，学生的语言运用能力、口语交际能力较差。

英语翻译课堂上通过语法翻译教学策略开展教学活动，主要价值在于辅助学生对每个句子、单词、短语含义达到准确的理解。对于新生而言，应用价值和效果更明显——有助于丰富新生的词汇量。教师面对英语翻译基础薄弱的学生，也适合采取该种教学方法以增强学生英语翻译的自信心，提高翻译效率。虽然语言具有有限的句法规则，但这些规则能够形成无限量的句子。学生学会了语法翻译法，能够根据句法结构规则，按照句子的意思翻译出遵循结构的句子。以“我觉得她不会吃饭”为例，“主谓宾”是语法结构，学生遵循结构可以翻译成“I think she will not eat dinner.”，再遇到类型相同的“我觉得她不会跳舞”时，学生则可以很快地翻译出“I think she can not dance.”。

（二）交际翻译法

它的含义可以从两方面来解读。一方面，它是与语义翻译并存于彼得·纽马克（Peter Newmark）（英国翻译理论家）提出的两种翻译模式中的一种，其重点在于综合目的语的语言方式、文化、具体语言进行信息传递，避免对原文的忠实复制，其对原文的解释翻译过程自由度较大，可排除歧义，可对文体进行调整，甚至把原作者的错误进行修正。这种翻译以某一交易目的为宗旨，翻译内容有特定读者，常见于公共告示、教科书、新闻报道等文体材料的翻译中，不用拘谨地逐行翻译，不过也没编译方式自由。另一方面，交际翻译法可以理解成对于某个社会情境发生的交际过程进行翻译，完全以接受者和读者为翻译导向，对原文进行翻译处理时重点在于信息的传递，不会盲目地进行语言单位的一连串复制。它强调了保留原文功能的同时，对新读者产生相应作用。它与直译法、逐行逐句翻译法的区别在于，译者会考虑原文遣词造句的形式，但这种考虑只是所有考虑元素中的一部分而已。

由上可知，交际翻译法的主要特点体现在“雅”“达”“信”方面，优势为得体、流畅、真实，翻译可存在词语增减情况，亦可走出语法结构的局限。这种翻译法提倡译者借助某种语境综合采取多种交际方式，达到高效学习第二语言的目标，将之融入大学英语翻译课堂，具有调动学习积极性、激发翻译兴趣、活跃教学气氛的作用。

在大学英语翻译教学体系中，大二、大三的课程更适合采取交际翻译法进行教学，此时学生已经接受了一年或两年的英语翻译学习，具备一定水平的英语翻译能力，口语表达的准确性也逐渐提升。这一阶段的英语翻译教学工作应加强与社会交往需求、社会基本文化相结合，关注学生英语综合能力的科学培养。学生用交际翻译法进行英语翻译时，需根据翻译内容明确是否需要融入交际翻译策略。以“XXX 终于举了白旗”为例，采取直译方法的学生翻译出“The XXX army finally raised.”（XXX 军最终投降了），这种翻译内容在外交场合下并不适合，外交官认为“投降”对 XXX 国家而言可能是忌讳的词语，缺少对该国民众的尊重，不利于顺利实现交际目的。因此，译者一般会采取交际翻译法，将其译成“The XXX army finally raised the white flag.”。

（三）语法教学中翻译法和交际法相结合的优势

1. 优势互补，降低语法学习难度

在传统的英语语法教学中，语法规则和英语课文相互独立，很多教师先讲解语法的基本知识，然后再带领学生阅读课文。当课文中出现与语法知识相关的语句时，教师让学生翻译或进一步进行语法讲解。这种教学模式下，学生虽然能够掌握语法知识，熟悉语法规则，但是多数情况下只能停留在纸面上，在使用英语进行交际时，还会频频出错。在新的教学模式下，将翻译法和交际法联合运用，一方面使用翻译法帮助学生打牢基础，为学生提供特定的学习情境，让他们在情境下翻译语句、学习语法，将语法知识牢固掌握；另一方面使用交际法，组织开展多样性的语言互动，让学生运用所学的语法知识，与其他同学进行口语交流，把语法知识内化为个人的一种语言技巧。这种混合式语法教学，让学习过程充满了乐趣，同时也会使语法知识的理解难度显著降低。

2. 关注实践，提高语法学习效果

对学生来说，掌握了词汇、语法和句型还不够，更重要的是能够运用英语完成阅读、写作和交际等日常任务。在语法教学中，教师要将翻译法和交际法联合应用，让学生的英语综合水平得到进一步提升。在翻译法中，学生可以扩展词汇量，并且提高英语阅读能力、英汉互译能力和英语写作水平，从而奠定较为扎实的英语功底，在这一基础上，再运用交际法，让学生利用已经积累的词汇、掌握的语法，大胆地与其他人进行英语交流，其英语实践运用能力便会得到提升。

（四）语法教学中翻译法和交际法联合应用的策略

1. 提供多样化的学习素材

在语法教学中，除了要选择恰当的教学方法，素材的选用也至关重要。除了课程教材，英语教师还应当基于学生的兴趣爱好和英语水平等，挑选一些课外素材，这样既可以起到活跃课堂氛围、拓宽学生视野的效果，同时又能够让学生的翻译能力、口语表达能力等得到进一步锻炼。另外，教师还可以结合学生所学的专业，选择与专业相关的一些英语素材，如产品说明书、商务信函、演讲材料等。利用这些多样化的素材，挑选其中的词汇、语法、句型等，让学生了解语法知识在不同语境下的具体运用，真正做到举一反三，这对提高学生的逻辑思维和变通能力都能起到积极的作用。当然，教师在选择和编辑语法教学素材时，也要考虑学生的理解能力和接受能力，既要确保教师语法教学的顺利开展，又要让学生的英语综合水平得到提升。

2. 结合教材内容灵活开展语法教学

英语教师在备课环节要结合教材内容，制定翻译法和交际法联合运用的教学方案，可以采取任务导向模式，围绕本节课中涉及的重点语法知识，设计导学任务或设置相关问题，在课堂讲解时，先给出任务或列出问题，让学生通读课文，完成任务，解答问题。在这一过程中，学生的阅读能力、翻译能力可以得到锻炼。同时，让学生用英语做好笔记、回答问题，可以提升学生的英语写作能力。然后，教师联系课文，进行语法知识的重点讲解。这种先由学生自主学习再由教师统一讲解的教学模式，提高了课堂教学效率。在语法知识讲解完毕后，教师再组织一些教学活动，如情景模拟和角色扮演等，让学生在不同的情境下扮演不同的角色展开对话，让学生在这一过程中理解语法知识的运用技巧，从而提升学生的口语交际能力。在一节课中，教师在前半段时间运用翻译法教学，帮助学生打牢基础，在后半段时间运用交际法教学，帮助学生提升技能。在两者的融合过程中，语法教学任务得到高质量的完成，学生的英语复合能力和运用水平也得到了全面提升。

3. 推广“交际—句型—练习—再交际”的教学模式

以英语中“一般过去时”这一语法知识点为例，基于翻译法和交际法联用的教学实践，采用“交际—句型—练习—再交际”的模式，具体可以分为以下几个步骤。

首先，教师结合教材中的课文内容，提出关于一般过去时的知识点；其次，教师结合课文中的相关语句，讲解一般过去时的基本结构、运用方法、典型句式；再次，教师提供特定语境的交际材料，让学生进行口语练习，在对话过程中掌握这一语法知识的应用技巧；最后，教师再进行交际活动。教师可以设定一些问题，让学生运用一般过去式的语法进行解答，如“What did you do？”“What did you get？”“What did they do？”等。

采取上述“四步法”语法教学模式，学生可以熟练地掌握语法知识，并且能用英语熟练地与他人进行口语交际。

第五节　文体层面的翻译教学

一、广告英语的翻译

（一）广告英语的特点

广告词汇的绚丽多彩为英语广告增添了不少趣味，但其目的是推销，也就难免会带有一些具有说服力和个人感情色彩的褒义词来渲染产品。例如：尽可能地使用带有 better、most、extreme 等比较级、最高级的形容词来修饰目标产品；有的厂家偏爱使用网络新词或流行语，甚至是自创的杜撰词汇来满足那些追求新潮个性心理的青少年消费者，常常使用造词（coinage）和类似将“together”写成“twogether”的故意错拼（misspelling）；使用外来词和缩写形式。广告最忌长篇大论，因为冗长、复杂难以给大众留下印象。因此，在广告中简单句和省略句的出现频率最高。为引起与观众的共鸣，在广告语言中疑问句和祈使句的出现频率也颇高。此外，有些广告对习语与谚语的套用也容易给人十分深刻的印象。

（二）广告英语翻译策略

1. 直译和意译型翻译

彼得·纽马克（Peter Newmark）认为，在没有上下文的背景下，直译是把源语言的句式语法结构转换为目标语言中最为接近的句式，且词汇也一一对应。例如：我们的眉笔就像花瓣一样柔和。（眉笔广告）译为“Our eyebrow pencils are as soft as perals.”。类似这样的直译作品较为地道，直截了当、表意明确。麦当劳广告词“Every time a good time”译为“欢聚欢笑每一刻”。英文的句式结构已面目全非，但“good time”译为“欢聚欢笑”却更恰当精准地表达了麦当劳以“家庭式的快乐”为企业文化导向的管理理念。原文中没有体现的深层含义却在译文中做出了恰当的补充，可读性更高。

2. 增补型翻译

该策略有两种分支，一种是处于语言表达习惯考虑，例如：DHL（DHL 快递）的“URGENT！”。乍一看容易让人产生误会，甚至以为急救广告。这个在中国最流行的翻译版本是“无论几时，DHL 准时送到”。这就让中国观众一眼明确广告内容且又表达出 DHL 以“顾客为上”的理念和快递公司最吸引顾客的噱头，即“快速”。

3. 浓缩型翻译

广告翻译中浓缩型翻译大多用于原文本冗长繁杂、表达啰嗦的广告语中，如："位于上海九江路的金融广场，雄踞黄浦区商业中心的心脏地带，交通便利，理想适中，贸易往来频繁。"则被美国同行大胆地译为"In the heart of Huangpu, Financial Square on Jiujiang Road is well-situated Shanghai office tower."。译文除了保留了必要的地点信息，则将一长串的形容词都大胆地简化为一个单词"well-situated"。从文本的灵活性与可读性进行考虑，这种策略都是合理的。但并不是所有内容都可以被浓缩，如公司信息、产品特点等就不可用此法。

4. 创造型翻译（创译）

为顺利完成国际贸易，广告在翻译中需考虑目的国家群众的接受底线与本国产品之间的差距，并旨在尽量缩小它。这种翻译工作是一种创造性工作。例如："It happens at Hilton."（希尔顿酒店随时待命）等。我们很少能找到原文本的影子，但源语言与目的语言所表达的理念却都十分清晰，创译在英文广告翻译中的应用可谓地位重要，功能卓著。

5. 不译

在广告翻译中，不译的例子比比皆是。肯德基的广告词"We do chicken right."就不适合翻译。只需将原文誊下来即可，避免了翻译中由于文化差异而产生的误会，又看起来很国际化与世界接轨。不译不失为广告翻译工作中的一个一举两得的好办法，但它仅适用于某些特定商家的广告词。

二、新闻英语的翻译

（一）直译方式

直译是保留词汇民族色彩的关键路径，亦是充实译入语语言的最佳方法。直译是指在译文语言条件允许的状况下，不仅保留原文内容和原文形式，与此同时，还可保留原文具有的民族性色彩。但是，直译并不代表死译或者硬译，其需要遵循译入语具有的语言规范，并且可以确切精准地表述出原文的思想内容。例如："humor"译为幽默，"sandwich"译为三明治，"typhoon"译为台风，"salad"译为沙拉等，均是根据直译尽最大可能地保留英语民族色彩的翻译，而且这些词汇也在一定程度上丰富了汉语语言的表达。此外，新闻英语对应的直译即代表在语言允许的领域内，尽量保留原文的含义，只有这样，才可以更好、更全面地还原原文的意思。在实际新闻英语报道过程中，如若翻译时涉及对应文化背景，那么在翻译后得到的内容就不容易产生误解，在具体翻译时亦可更好、更有效地运用直译方法。现如今，很多新闻英语标题均会采用直译的方式，例如，“克里抵达首尔，期间人们担心朝鲜导弹试射”，即“Amid Worries Over Nkorean Missile Test，Kerry Arrives in Seoul”，这就是运用直译的手段还原新闻英语真正的含义。

（二）意译方式

在我国不断发展与进步的过程中，东西方国家存有极大差异，大多时候在对新闻英语进行翻译时难以找到恰当的词汇实行表述，如此一来，就不利于广大读者对新闻内容的理解和掌握。基于此，在新闻英语实际翻译过程中可运用意译的翻译方式。所谓意译，是指在新闻英语翻译过程中可以结合新闻内容的大概意思，使用让广大读者更加容易理解和掌握的方法与词汇进行翻译，如此读者就可以更好、更全面地理解新闻所表述的内容，并获得十分显著的翻译效果。而且，意译是传递原文神韵的最佳选择。在新闻英语进行汉语翻译时，一般都难以在汉语中寻找到等值对应的相关词汇，但是如若使用音译加以解释又相对烦琐，有可能让译文读者难以理解。在这一过程中，必须将原文“抛开”，使用意译。这里，所提到的“抛开”原文，只是表示译文在形式上摆脱源文字面意思和源语言架构的限制，在内容方面还应当忠实于原文，只是选择一种更加容易被读者理解和接纳的模式来表述其内涵。例如，“mad doctor”这一英语词汇可翻译成“精神病科医生”，而“blind date”这一英语词汇则可翻译成“首次约会”。此种意译方法可以让广大读者进一步理解新闻英语报道的具体内容，使读者真正领会新闻英语报道内容蕴藏的含义，进而获得较好、较明显的新闻成效。

（三）变通方式

变通翻译法是有效解决“无法译”与“不可译”问题的最佳方法。变通翻译方法，从本质角度而言其属于一种混合翻译方法，变通法是在单一直译或是意译都难以准确传达原文内容的情况下使用的一种特殊“迂回补偿法”。将直译翻译法与意译翻译法排除在外，其他任何翻译法均可归于此类，直译与意译结合、直译与注释法结合等都可被称为变通翻译法。例如：“Tom is faithful not to eat meat on Ramadan, everything follows the rules, and belongs to a trustworthy person.”译为：“汤姆忠实得斋日不吃荤，任何事情都循规蹈矩，属于一个值得信赖的人。”这一句子英文翻译主要使用了直译与意译结合的方式。众所周知，在英国发展历史中，旧教和新教曾经发生过激烈战斗，旧教规定教徒在固定斋日可吃鱼，但是新教却与旧教恰好相反，拒绝在任何斋日吃鱼。所以，英国人民一般使用“Eat not fish”来表达衷心。译者将其直接翻译成“斋日不吃荤”，随后将其蕴藏的意义利用“忠实”表现出来，不仅保留了原文具有的文化色彩，而且还便于读者全面理解，是一种非常巧妙的翻译。另外，还要重视注释的翻译方式。在实际新闻英语报道过程中经常会使用一些新词汇，由此需要翻译人员在翻译时可以理解新词在新闻英语中所代表的特殊含义，只有这样才可以让新闻英语的翻译更贴合原本意思。而且，由于新闻英语报道具有简洁性特点，为了能够使读者更好、更全面地理解新闻事件，在具体新闻英语翻译中可应用注释的方法，解释新闻中涉及人物的详细介绍与关键内容等。因此，在新闻英语翻译中运用注释方法能够使读者真正理解新闻内容，进而发挥良好的传播效果。

三、法律英语的翻译

（一）法律翻译的影响因素

1. 具有差异性的中西文化

文化是一种知识体系，体现全社会的价值观念。文化是全人类创造的物质财富和精神财富的总和，文化是国家与国家之间交流的基础，也因国家和国家的不同而有所不同，并有其独一无二的特点。语言是文化的载体，这就决定了在进行语言翻译时，文化发挥着绝对的作用。语言既是文化表达的工具，也是文化的一个重要因素，也包含在文化之中。人们在积极参与社会活动时能从中形成文化，同时人们在形成文化时，也会自然获得对应的知识和技能。语言是文化得以形成的前提，它也是一种记录工具，通过不间断记录日常活动信息来反映文化。中西方国家不同的历史、地理和社会变迁造成了不同的文化特性。各国的文化因国家、民族、社会、种族的不同而不同，而隶属于文化的思维模式自然也有所不同。因而，中西方文化的差异造成法律翻译并不是一项简单的任务。因为这项工作并不是一场语言和语言、法律和法律之间的简单转换，而是一场复杂的文化与文化之间的碰撞。很多情况下翻译人员需要在原汁原味地保留原始文本的文化特点和让读者能够理解目标文本之间做出选择，选择前者会让不熟悉该国文化的读者感到模糊、复杂、一知半解；而选择后者不免会导致遗失原著的独特色彩。所以为了避免这一情况，很多翻译人员会在词汇、句子后加上对应的注释。

2. 具有差异性的中英语言

尽管汉语和英语具有一定的共性，但事实上这两种语言在词汇、句子模式及文本内容等方面都有很大差别。同时，由于它承载着每个国家、每个社会、每个民族的核心价值，这使得汉英翻译时的所需流程、注意事项更加烦琐和困难。法律英语翻译中的最高境界是实现词汇方面的对等。然而，仅从法律术语的含义和各国之间的语言差异来看，要想实现法律翻译的完全对应是不可能实现的。立法者对世界、事物与事物的关系、行为与行为的联系等理解会体现在法律词汇的运用上，受到这些条件的制约，翻译需要考虑的因素就更多了。汉语和英语分别隶属不同语言体系，两种体系反映了汉语和英语之间思维模式的异同。英语强调形式上的符合性，重视形式上的逻辑结构，通过各种语言形式来表现；汉语则强调意义上的符合性，通过词语的意思来表达整体语法的含义，实际上就是“神似”，重视内在的逻辑结构。所以，正是由于不同的思维模式，汉语和英语在进行翻译转换时，将面临不同的句法结构。故而在翻译英语法律术语时不能忽视翻译对象的法律文化。如果仅仅是在词典里找到相关单词的固定含义而忽略其文化内涵，那么极有可能会造成错译，不能原汁原味地表达其实际含义。比如“organized crime”，在西方历史上该词组一般被翻译为“帮会犯罪”，而汉语通常将其译为“组织犯罪”，但是“组织犯罪”实际上对应的应当是西方的“enterprise crime”。

3. 具有差异性的译者水平

有学者认为，法律译者决定了法律翻译的成败。翻译活动实际上是翻译人员对原始作品的重新理解和重新表现。翻译过程更重视译者的主观能动性，法律翻译人员是中英法律界之间的沟通桥梁。译者在进行翻译时，不仅要考虑到原作者的立法目的，还要考虑读者对翻译作品的理解；同时，翻译人员本身的语言文化水平、法律知识储备也在翻译过程中发挥重要的作用。在语言中的引用之间很难实现互惠对应，译者也会翻译错误。所以，如果译者立志要提高自身的工作水平，那么他就需要积极主动地去理解中西法律文化，花功夫研究相应的制度。翻译很难追求到完全的一一对应，但它可以达到有效的水平。有效的翻译并不意味着原始语言中的信息可以在目标语言中得到完全的体现，也需要一定程度的灵活性。因此，在保持原文色彩的前提下，译者可以以不同的表达方式、不同的方面来阐释原文，从而有效地实现跨语言转换。

（二）翻译策略

在翻译法律英语时，译者应在目标语言法律术语中寻找与原文对应的法律术语，不能随意对应不相关的词汇，更不能任意编造闻所未闻的术语，避免引起不必要的争议。但是，也会出现这样一种情况，有些英语法律术语在汉语中并没有对应的法律术语，此时我们必须寻找另一种方法。翻译策略可以分为归化和异化策略。归化策略的主要目的是通过将译文本土化来淡化读者阅读障碍，而异化策略则强调通过保留原文语言特征来保持原文的文化感情色彩，二者各有优缺点。异化策略更利于目标语言的读者沉浸于异国情调，但是翻译可能不好理解，不利于读者吸收和学习；归化策略更利于被读者接受，但是失去了原始的语言和文化元素，读者不能直接感受到异域文化。在翻译过程中，为了保留原著的文化特点应当是优先使用异化策略，但是当适用它会影响译文的可理解性时，归化策略则是更好的选择。因此，要根据具体情况来使用这两个策略。

四、商务英语的翻译

（一）商务翻译教学中的要点

商务翻译涉及的内容较为广泛，像政治、法律、经济等都会包含在内，在服务于具体的商务类型中，需要满足对商务内容的精确理解和表达。从商务翻译教学的特征来看，它与传统的语言翻译内容并不完全一致，尤其是针对过去没有了解过商务经济知识的情况，加上不同地区和国家在语言和文化方面存在的巨大差异，会造成商务翻译教学中翻译和商务难以有效结合。面对这种情况，现代商务翻译教学在不断改革、优化的过程中，正采取有效措施去解决存在的问题。

（二）商务翻译实践性

国际商务往来都必须以实践为基础，在面对不同经济领域时，对翻译场景的把控也存在差异，为了检验商务翻译教学的质量，就必须以实践性为基础。在教学安排期间，通常对于教学理念和内容都有具体的规定，但是在实际授课中对商务翻译缺乏实践。实践阶段也是重要的练习过程，在具备充足的翻译知识后，要利用实践去联系现实的商务情形。在实践阶段，对翻译内容也提出了需要遵守的原则，以忠实、统一、准确为方向。教师在商务翻译教学中，需要按照语义的忠实性、文化对等性、功能对等性、可接受性为标准，在熟悉商务语言内容后，确保整体的商务翻译规范统一，在保证严格准确的条件下满足语言的流畅。

（三）商务术语翻译

商务术语体现翻译功能的需求特点，在掌握语言翻译的阶段，拥有充足的专业词汇量是基础。丰富的词汇是开展翻译工作的条件，商务翻译必须符合专业术语的要求。在不同地区形成的跨文化范围内，衍生出来的术语要与该地区的文化相对应，从术语翻译的方向出发，主要包括词汇和学科专业知识。

1. 词汇方面

术语翻译期间，在词汇层面上要重点关注词义的拓展，包括词的内涵和外延意义。首先，单纯从词性的角度观察，以名词性的术语通常直接译为对应的名词内容，形容词和动词等也符合这种特征，在确保词性对等的同时，也能够让翻译的内容维持在对应的状态。不过，在商务翻译应用阶段，存在术语无法找到词性、语义、形态等方面能够对应的词。这种情况的出现会增加商务翻译教学的难度，在实现两种不同语言互译过程中可能引起歧义。其次，在商务术语翻译中，术语属于在特定群体中能够形成与之对应的概念或者图像。商务翻译教学中，主要目标就是要利用表达相同概念的术语去完成转化，译者要掌握多种术语翻译的策略和技巧。只有在交流层面上能够准确找到等价的术语，才会让翻译工作变得轻松，若是在商务翻译期间无法找到与其对应的术语，就需要利用个人的翻译方法和技巧去克服困难，弥补词义缺乏带来的漏洞。在采用术语翻译期间，直译是最为常用的方式。例如，将“software”译为“软件”，“facebook”直接译成“脸书”。在使用意译期间，需要从原文阐释的内容出发，结合语境追求贴切和自然的描述，例如，将“computer”译成“计算机”。在众多方式中，还有一种“不译”的现象，也被叫作“零翻译”，就是针对国际认可度比较高的词语，形成了特定的名词，即使不用翻译的情况大家也能够理解所代表的内容，如 App 和 iPhone 等。

2. 学科专业方面

术语属于表达专业概念的词汇，在完成术语翻译的阶段要满足专业化的需求。例如，从传统翻译角度来讲，“future”会直接被翻译成“未来、将来”，但是在商务英语中，“future”作为金融术语被译为“期货”，很显然，同一名词在不同学科中具体代表的含义可能会存在很大差别，这也正是在翻译期间造成翻译模糊情况的原因。例如，对于“interest”这一英语单词，按照平常翻译的特点，人们会直接将其译成“兴趣”，可是由于它涉及不同专业领域，最终产生的概念内容并不相同，在有关商务合同中会将“interest”译作“利益”，到了金融领域又会将其翻译成“利息”，而在保险业的术语中“interest”又被译作“保险权益”。商务术语翻译要充分考虑其专业性的特点，在开展教学期间，要以专业知识的系统性为目标，不仅能够掌握各个词汇涵盖的所有意义，还要能够在多种意义中找出对应的语境。从商业术语的角度来看，它在特定的领域中会帮助术语构成层次分明的系统，相关术语的概念在表达时还会产生逻辑关系，这也有助于术语翻译的系统性和整体性。

五、科技英语的翻译

科技英语翻译具有科学性、文学性、通俗性、趣味性的特征。首先，科学性体现在科技英语翻译重视科学信息与知识传输。其次，文学性体现在科技作品亦可是文学和科学的综合，借助文学表达形式凸显科普文章的艺术特色。再次，通俗性体现在运用简洁易懂的表达形式传播科技知识。因科技英语本就具备较强的专业性与复杂性，若作品不具备简洁易懂的特征，则会对受众的阅读兴趣造成一定负面影响。最后，趣味性体现在科技英语自身具备的特征，科技本身便有着一定趣味性，借助科技英语的翻译文本更能吸引受众的注意力。

众所周知，科技英语翻译拥有一定科普功能，换言之，在翻译时应重视科学性的体现。在翻译科技英语的过程当中，不仅要向社会大众讲解前沿的科学技术，还应促进国际新兴科技知识与科技理念的发展。在引入国际前沿科技或者科普资源时，翻译便成了重要环节。多数发达国家与地区往往会借助报纸与纸质文章等传播形式对科学技术进行传播，这不仅促进科技英语领域发展，而且对科技亦发挥了科普作用，此做法是我国应参考和借鉴的地方。在对国外科技文章翻译的过程中，文本翻译质量与受众阅读兴趣呈正相关，所以翻译人员应谨慎对待科技英语翻译工作，最大程度地还原原作的思想与价值。

（一）重视专业词汇与词语转换的运用

英语和汉语无论是在语言表达形式还是在书写方面均有明显差异，例如，英语当中部分词汇在汉语当中不存在对等词汇。将汉语和英语进行比较可知，英语表达当中会较多地应用名词，对于动词的应用较少。反之，汉语表达当中会较多地应用动词，对于名词应用较少。所以，在翻译科技英语的过程当中，会存在需适当转换词汇的问题。并且，在不同学科领域中，针对相同词汇的概念界定亦有所差异，部分科技英语词汇需按照相关学科判定其本质含义。在涉及英文词义的具体翻译工作中，还应思考和原文当中所述内容有关理论概念，应明确此概念是面向哪一学科或领域进行阐释的。在翻译实践工作当中，应注重利用词性转变或词义增减等方式，促进翻译内容更加顺畅，更具合理性。在不同情境中，不同语言能够表达不同含义，也具有差异化的表达形式。若翻译内容为短语或日常用语，翻译语言较易组织，同时翻译工作也会更容易顺利进行。若翻译内容为专业性较强的术语，则翻译人员必须熟知该术语所表达的精准含义，并给予受众群体普遍认同的含义进行翻译，从而使译文表达得更加清晰。例如，“There are bacteria that help plants grow，other that get rid of dead animals and plants by making them decay, and some that live in soil and make it better for growing crops.” 译为：“有些细菌能够帮助植物生长，另一些细菌则通过腐蚀来消除死去的动物和植物，还有一些细菌则生活在土壤里，使土壤对种植庄稼更有好处。”科技英语翻译内容专业性较强，所涉及的范畴也较为宽泛，对于人工智能、机械与化工等领域均有所涉猎，这些领域当中存在诸多高难度的专业术语，或具备专有名词。在日后发展历程中，科技会出现诸多交叉现象，促使部分词汇得以混合应用。在原文翻译过程中，翻译人员不可仅局限于概念表达层面，应充分考量词汇在不同情境中的对应含义，将翻译过程和语境充分结合，并对专业术语加以必要阐释，利用变译形式把专业术语与词汇充分表达出来。此方式能把抽象化的科学技术理念具象化，进而帮助受众对原本难以理解的专业术语进行深入了解。

（二）注重译语句层架构的变译

若从语言架构层面而言，科技英语往往存在较多的程式化语句，如部分分词衔接成分偏多。并且，科技英语文章往往具备一个显著特征，即文章当中长句偏多。若并未适当翻译文章长句，则无法令受众深刻认知语句当中所蕴藏的层次关系，亦无法使受众明确科技英语文章所要表达的核心内涵。在展开这项英语翻译工作过程中，翻译人员应有意识地辨别语句当中的形态与架构，同时还要熟练掌握语句相应语法及句型，必须了解语句各成分间存在的逻辑机理，这样才能选择更为恰当、合理的翻译方法。例如，“A market analyst is someone who has specific market expertise and can usually predict markets and try to explain market phenomena.”，其译文是“市场分析员是具备某种特定市场专业知识，通常可以预测市场并试图对市场现象作出解释的人。”在英译汉过程中，按照英语、汉语两种语言差异化的句式结构与词序，针对语句架构进行合理分解与重构，应重视英语词汇应用习惯及定语和状语在语句中应处的位置。以上译文便是对长句实施了分解，明确其语句的逻辑顺序，并翻译为多个容易被理解和掌握的短句。一般而言，在科技英语具体表达当中，往往会应用主句、复合句与从句等，这些语句具备专属特征，所涵盖的信息量较大，并且语句中会存在主次之分，在翻译过程中应明确区分，可先直接忽视原文当中不相关的信息，然后利用变译形式摘取语句的主干部分展开翻译。具体而言，部分英语语句包含诸多分支，引用较多修饰性词汇，这些词汇在翻译过程中在某种程度上可以说属于无效信息，翻译人员可对其进行适当删减，从而呈现语句的主干部分，这不仅可以弱化翻译任务的强度，同时也能使受众更容易理解语句乃至文章所表达的含义。

六、英语文学作品的翻译技巧

（一）直接根据字面意思翻译

根据字面意思翻译是现代翻译最常用的翻译方法，主要是根据作品的单词、短语进行直接翻译，同时按照一定的顺序进行排列。在辅助翻译文章过程中需要根据翻译文章自身的语言特点进行辅助翻译。例如，在对童话故事《皇帝的新装》进行翻译时，“裁缝”对皇帝进言时所说的话十分愚昧，根据文章的内容进行直接翻译，那么就直接翻译成“皇帝在听信‘裁缝’的话之后，将自己的衣服脱掉，在大街上游行”，从而体现皇帝的愚昧无知。这句话在寓言故事中，就是从侧面表达了这个皇帝的愚昧无知。在后来的许多文学作品中经常会用这样的典故来表现人的愚昧无知。所以作者在翻译过程中，只需要直译出作者的内容不需要将其复杂化，不然会影响到读者的阅读体验，同时也不利于开阔读者的视野。

（二）使用增译法对文章进行翻译

许多译者在进行翻译的过程中，文章内容非常单调，不能体现文学作品中作者想要表达的意思。在这种情况下，使用增译法就可以对文学典故进行深入的翻译。增译法主要是对文学作品中的典故内容进行丰富，避免因为歧义而出现问题。因为东西方的语言文化差异比较大，所以东西方读者在阅读时的思维表达方式也不相同，读者在阅读过程中会出现许许多多的问题。翻译工作者的主要作用就是让读者对不同文化作品进行深入了解。为了能够确保翻译英语作品的文学准确性，在对英语文学作品相关典故进行翻译时，应该考虑增添更多的英语文学解释内容，使用当地相应的文学典故词语进行解释，让翻译文章的故事主旨和文学内容更加真实地呈现给外国读者。我国在对英语文学历史典故作品翻译者进行的长期英文翻译研究工作中发现，许多人在英语文学作品的翻译创作过程中都已经融入了当地人的文化内涵元素，这样翻译是为了更好地深化作品的翻译内容，让英语文学作品的翻译内容变得更具文化内涵。如果翻译文学工作者只是直接进行翻译，那么就可能会使文学作品中非常多的“营养”内容流失，从而就会使直接翻译创作出来的作品不仅没有它的灵魂，也无法对翻译文学作品内容进行深入挖掘与深入探究，导致翻译文学作品的实际应用价值大大降低。所以日后翻译艺术工作者在国际翻译工作过程中，需要深入研究挖掘这些外国翻译作品的文化内涵，将其自身蕴藏的各种深层次文化内涵充分呈现在外国读者的面前。然而这对于翻译工作者的要求就非常高，翻译工作者不仅需要准确抓住这些内容的文化主旨，同时也需要对其文化意境进行具体描述，找出其背后的一些文化内涵元素，这对翻译工作来说是非常有益的。

第五章　英语教学中的语用分析

本章主要内容为英语教学中的语用分析，首先论述了英语委婉语的来源、英语委婉语的交际功能以及英语教学中委婉语的实践应用；其次介绍了矛盾修辞的特征、矛盾修辞的构成、矛盾修辞的广泛应用及其语用功能；最后，分析了英语情态动词的作用、英语被动语态以及英语一般疑问句的语用。

第一节　英语委婉语的语用分析

一、委婉语的来源

委婉语起源于古希腊语中的 euphemismos，前缀 eu 代表着良好、优美，词根 pheme 是语言的意思，从字面上来理解委婉语，有着“优美好听的话”的含义。因此，使用委婉语不仅是一种交流方式，同时也能象征着人的文化素质。在英语教学的过程中，从应用性的角度可以将委婉语划分为以下两种：固定性委婉语和灵活性委婉语。固定性委婉语一般运用在较为禁忌性的语言中，含蓄地表达年老、死亡等话题，使学生能够在学习英语知识的同时，提高学生的文化修养，使学生的语言表达能力能够进一步提高。灵活性委婉语的使用并不局限于固定的语言表达方式，而是在授课过程中借助语音、语调等委婉手段来灵活表达，达到委婉的效果。比如教师在对自己的意见进行表达的过程中，为了避免强硬的语气打击学生的自信心，可以在自己的语言当中加入 think、wonder、suggest 等词汇来表达委婉的效果，可以使用被动语态和虚拟语气来进行委婉的表达，这样不仅能够体现出教师的礼貌，使学生的学习环境更加轻松愉快，让学生在日常的耳濡目染当中学会知识，并且能够培养自身的文化素养。

二、英语委婉语的交际功能

（一）可以起到一定避讳的作用

避讳功能是英语婉转与最初的作用。在语言表达中，我们不免会说到一些禁忌的语言，在该情况下会产生相应的委婉语，委婉语的出现在人类文明的早期就有所表现。一些人们在表达的过程中，为了避免说出此类的禁忌语，就会找相应的词语来代替。如果人们直接表达出老，病，死这种禁忌事情的时候，会显得人们无情、生硬、无礼等，所以人们通过间接的表达，这样可以更含蓄，中听，有礼貌，其他人员也更加乐于接受。在对死亡进行描述时，通常用一些比较模糊的语言来进行表达，这样可以更好地缓解了人们听到死亡时的悲伤心情。像一些 Go west，Be called to god，Go to one’s long home，Go to heaven 等这些词汇可以来代替 death 这一词，从而更好地起到了委婉语的避讳作用。像一些商人们通常会用 cash advance 代替 in debt。用这类词语来避讳自己公司所处负债的情况，鼓励公司的人员继续奋斗，但是这其实也是欺骗自己的一种行为。

（二）可以起到一定的粉饰作用

委婉语也是相应的模糊词语，模糊词语的运用有效地拓展了某一个词语的意思，使其意思表达变得更加模糊，委婉语的这类作用会起到一定的欺骗性。它也可能是一些奸商，政客所使用骗人的工具，用来掩盖一些比较丑恶的事情。一些奸商通常会用一些委婉语来引诱顾客进行购买，最后所得到的实物与商家所描述出来的不一致，但是，这些奸商会运用委婉语的拓展内涵来做文章，并为自己开脱，最后吃亏的还是客户自己。

（三）具有一定礼貌性的作用

现代社会是文明的社会，礼貌是人们追求的内容。有英国的语言学家曾提出，在言语交际过程中，应该遵循 6 条基本的礼貌原则，在这 6 条的基本礼貌原则中就包括了一致，谦逊，同情等。委婉语的运用可以更好地方便人们理解，让人们对一些不愿意想起的事情可以更加委婉，在心理上也能起到一定接受的作用，让人们的口语交际表达起来更加顺畅。像一些外貌比较丑陋或者是存在生理缺陷的人们，如果直接说这类人是 ugly，那么对于外貌比较丑陋的人们来说，是一种伤害，也是非常不礼貌的行为，他们的内心会受到严重的打击。这个时候就可以用 average looking 或者是 plain 来表示。此外，在对一些地位比较低下的职业进行表达时，如果直接说的话会有所冒犯，秉持着礼貌性原则可以用 welfare workers 来表示。委婉语的礼貌性功能，在实际生活中运用是非常常见的，在很多场合，人们都会运用相应的委婉语，表示相应的请求，从而起到一定的礼貌作用，给他人树立一个良好的形象，方便整个交流的顺利开展。

（四）可以起到一定积极性的作用

由于委婉语自身就有一定词语模糊性的作用，它通常是掩饰人们不愿意直接面对的事情，所以在人际交往的过程中，人们通常为了考虑他人的感受，并不直接说出这类事情，而用一些比较模糊的词语对其进行弱化，从而更好地进行人际交流，同时也维持好了两者之间的关系。委婉语的这种积极功能，通常会在教学的过程中得到广泛的应用，教师在对学生进行评价时，通常会用一些比较积极的话语来表示消极的说法，这样不仅可以增强学生自信心，同时也可以激发起学生进一步努力的动力。比如，说一些成绩比较差的学生时，如果直接说 below the average student，可能会伤害到学生的自尊心，那么，此时教师就可以用 working at her own level，这样不仅可以维护学生的自尊，而且也肯定了学生积极学习的态度，让学生用一个正确的态度来进行学习。

（五）可以起到一定的劝诱作用

委婉语将其运用在一些特定的交际场景中，可以起到一定的劝诱功能，比如，在广告促销的过程中可以发挥出相应的劝导功能。在有关的航空公司的机舱中，将一等舱 first class 称为 deluxe class 豪华舱，Second class 二等舱称为 first class，三等舱改称为 tourist class 旅游舱。这样不仅可以更好地保护了顾客们的尊严，同时也可以起到一定的劝诱功能，引导人们去购买。除此之外，在描述有关工人罢工的情况时，通常会用 industrial action 表示 striking，将工人罢工说成是一种产业的行动或者是产业的争端，这无非就是委婉语的一种掩饰功能。但是人们在进行商品购买的过程中，一定要注意好委婉语的使用，注意好卖家的委婉语的表达，有一些卖家用相应的委婉语可能在一定程度上会起到商品引诱的作用，让更多的人来参与商品的购买，买家的话也要避免由于卖家的言语而引诱自己购买不需要的产品。

三、英语教学中委婉语的应用

（一）委婉语在教学内容上的应用

英语的学习是为了能够使学生更好地在外交场合进行沟通交流。所以，如果在学习过程中，学生只是单纯了解字面意思，没有真正理解语言的内涵，那么就容易导致学生在与他人沟通的过程中出现尴尬等局面。比如，在一位外宾与翻译之间进行对话的过程中，外宾用“I wonder if I can go somewhere.”来委婉地表达自己想要上厕所的意愿，但是翻译却错误地理解了外宾的意思，回答了“Yes, you can go anywhere in China.”从根本上来看，翻译在交谈过程中没有根据当时的语境，充分理解外宾的表达方式，只是从字面理解外宾的语言，造成了尴尬的场面。在英语教学的课堂上，教师既应该教会学生如何理解单词的表面意，同时也应该让学生掌握语言的内涵。在授课时，教师应该分门别类地对委婉语进行系统讲解，让学生深刻地了解委婉语在日常表达当中的语言形式，提高学生的交际能力。以“上厕所”为例，西方人会用 restroom，washroom 等更加委婉的词汇来代替 toilet，比如，可以这样说：“Could you tell me where I can find a restroom？”在这里，restroom 既可以代指男厕所，也可以代指女厕所，或者是用“Excuse me, I want to wash my hands.”来委婉地表达想要上厕所的意愿。教师在讲解委婉语的过程中，应该让学生可以根据不同的语境来运用委婉语，并且应该让学生明白，委婉语在不同的语境下有不同的作用，所以学生应该根据不同的语境来充分地了解委婉语的作用。比如《照顾老人》这课当中，care of the elderly 中，the elderly 是“老年人”的委婉说法，在授课时，教师可以通过让学生自由讨论，引导学生了解“老年人”的委婉说法，使学生对于委婉语的印象能够进一步加深，同时也能够丰富学生的词汇。除此之外，教师在课堂中讲解时，也应该向学生补充说明委婉语在日常交流中的功能，并且可以让学生在课下通过阅读积累与此相关的知识，为学生日后的人际交往积累词汇。

（二）委婉语在教学方法上的应用

1. 引导语

在上课之前，教师进入教室的时候，可以用 how are you today 来和学生打招呼，然后向口语表达能力较好的同学进行询问，并且与之进行沟通，缓解口语表达能力较差的同学在课堂上的焦虑；之后，再让学生进行自由回答，让学生理解 There is no right or wrong，为营造和谐的课堂氛围奠定基础。

2. 评价语

教师应该及时反馈学生在课堂中完成教学任务的情况，英语教师在授课的过程中，教师可以组织学生积极地开展话题讨论，不设定固定的问题答案，使学生能够在讨论的过程中充分地发挥主动性和积极性，引导学生在讨论过程中使用英文来表达自己的感想，教师应该对其表现进行肯定性的评价，比如 good job，well done 等；之后再对学生的表达和讨论进行适当的引导，这样既可以使学生参与活动时渴望被 表扬的心理得到满足，又能使学生的英语表达能力能够得到充分的锻炼。

（1）批评语。在课堂当中学生难免会出现错误，当学生答案错误时，教师可以对学生进行引导，如何采用“What you said is reasonable，but if you say in this way，it is better.”的语言来引导学生及时发现自己的错误，并且可以采用更能让学生接受的方式来让学生明白自己的错误。除此之外，教师在授课时应该具有及时发现学生优点的能力，运用委婉语的评价方式激发学生在学习方面的主动性，提高他们的学习积极性，避免用语不当打击学生的自信心。

（2）指令用语。在英语课堂上，我们所说的指定英语，通常都是教师根据教学需要让学生根据自己内心的想法去做某一件事情，这时候所使用的语言就叫作指令用语。在英语课堂上，指令用语中最常用的一个词是 please，这个指令用语可以贯穿于英语整堂课。相比于其他英语单词来说，please 更能显示出教师对于学生的尊重和认可。除了 please 这个词在英语课堂上经常使用，老师还经常会使用祈使句要求学生完成课堂任务。但是，在英语课堂上使用祈使句会有一些弊端，比如句子的语气会显得更加严肃，不利于良好氛围的营造，也会让学生有束缚感，不能全身心地投入到学习当中，基于这些原因，我们可以在命令句子上加上 could、would 等一些词语，使命令的语气被弱化一些，促使语言更具有礼貌性，使得教学在更加轻松愉悦的氛围中进行，这样有利于教学效率的提高。

第二节　矛盾修辞语的语用分析

一、矛盾修辞概述

（一）矛盾修辞法定义

矛盾修辞法（oxymoron）源于希腊语的“oxusmoros”。“oxus”意为“sharp”；

“moros”意为“foolish”，合起来就是“机灵的迟钝、聪明的愚笨（sharp-foolish）”的意思。苏东坡曾说过：“为文以反常合道为趣。”矛盾修辞正是这样一种外表“不平常”、“反常”，而语里“合道”的修辞方式。

《牛津语言学词典》（Oxford Concise Dictionary of Linguistics）将矛盾修辞法定义为“term in rhetoric for the deliberate coupling of words that are strictly contradictory”。矛盾修辞法通过将意义相反的词汇并列在一起，使语言达到令人惊讶的效果，如“deafening silence（震耳欲聋的寂静）”、“cruel kindness（残酷的仁慈）”等，乍看矛盾，细思耐人寻味。

矛盾修辞不同于“自相矛盾”，后者相互矛盾的两个部分往往是顾此失彼，放在一起意义讲不通，比如“一头多奶的公羊”、“孤儿的父亲”，这类表达不合逻辑，因此不能将其称为矛盾修辞法。然而我们经常看到或听到这样的说法：“后方的前线，平凡的伟大，真实的谎言，富饶的贫困，熟悉的陌生人，好聪明的糊涂法子，不该笑的笑话，不幸的幸运人。”这些都是矛盾的表达，是对常规表达的突破，变异，在特定的语境中传达准确的信息，这类表达可归为矛盾修辞。

（二）矛盾修辞法的哲学根源

矛盾修辞法，顾名思义，“矛盾”是该修辞的核心字眼。“矛盾”是源于哲学的概念，因此，矛盾修辞法与哲学息息相关。

哲学中有辩证法，辩证法认为，事物都是由矛盾的双方构成的。矛盾的双方既对立又统一，共同推动事物发展。这便是矛盾修辞法的哲学根源。黑格尔说过：“Contradiction is the source of all the movements and vitality.Only because things have contradictions themselves，they can move and have motive force and activities.（矛盾是万物运动和保持生机的根本，事物正因自身的矛盾才能运动并产生前进的驱动力）”。

在矛盾修辞法中，构成该修辞的两种成分从外表来看是对立的、不相协调的两个部分，而实质上，在特定的语境下却是一个和谐统一的整体。接下来以莎士比亚戏剧中的例子来说明这一点。在其喜剧 Twelfth-Night 中，奥西诺公爵有这样一句台词：Come hither，boy；if ever thou shalt love，In the sweet pangs of it remember me. 这是奥西诺公爵向奥莉维亚小姐求婚不成后向朋友倾诉的话语，此段中的“甜蜜的痛苦”就是矛盾着的统一体。依常理来说，“甜蜜”不会“痛苦”，“痛苦”也不可能“甜蜜”，所以，二者的字面意义不可能相融；然而，二者却统一于爱，不管甜蜜还是痛苦，形容的都是奥西诺对奥莉维亚的爱，甜蜜自不必说，痛苦是因为自己深爱对方，而对方却不爱自己。这两个矛盾的词语真切地反映出二人之间爱的实质。

（三）矛盾修辞的构成

作为一种重要的修辞手段，矛盾修辞法有其特定的构成方式。下面以莎士比亚戏剧为例分析其常见的构成方式。

1. 形容词 + 名词

该修辞在莎士比亚戏剧中是最常见的构成方式。在其悲剧 Othello 中，主人公有过这样的台词：Why，any thing：An honourable murderer，if you will：For nought I did in hate，but all in honour. 其中“honourable murderer”便是这种结构。此外还有“heavy lightness”，“serious vanity”，“cold fire”“sick health”等。

2. 分词 + 名词

这类结构又包含两类：“现在分词 + 名词”以及“过去分词 + 名词”。“分词 + 名词”结构在莎士比亚戏剧中数量也是相当可观的，像“still-waking sleep”“living death”“defeated joy”“a damned saint”等。从语法上讲，现在分词与过去分词均可作形容词来修饰名词，因此，这两类事实上可划为同一类：修饰语 + 名词。这是矛盾修辞法最常见的一类结构，通过修饰语与名词之间形成的鲜明对比，事物的本质得到彻底的揭示。

3. 形容词 + 形容词

在这种结构中，两个意义相互矛盾的形容词被用来形容同一事物，产生强烈的语言效果。在 Twelfth night 中，Malvolio 这样说过：She that would alter services with thee，The fortunate unhappy. 将“fortunate”，“unhappy”这两个看似极不协调的形容词放到一起，Malvolio 收到错发的情书时的欣喜若狂便形象生动得呈现在读者面前。

（四）矛盾修辞法的广泛应用

矛盾修辞法虽然在修辞格中较为少见，但它的使用历史却十分久远。在其长时间的发展过程中，矛盾修辞法被人们广泛地应用于文学作品中。古今中外许多学者作家都是运用这种修辞方法的好手，他们将其巧妙地穿插于字里行间之中，给人一种精彩传神、画龙点睛之感。北宋文学家苏轼在《贺欧阳少师致仕启》中灵活使用矛盾修辞法写出名句“大勇若怯，大智如愚。至贵无轩冕而荣，至仁不导引不寿”，通过将勇与怯、智与愚结合在一起，贴切形象地使人们理解到作者心中对于智勇的真正定义。而英国剧作家莎士比亚则更是对这种修辞方法青睐有加。莎士比亚博学多才，十分善于刻画人物细腻的情感与人性的曲折复杂，而矛盾修辞法则是他描写人物内心纠结与矛盾的有力武器。以其作品《罗密欧与朱丽叶》为例，莎士比亚在其中用了“damnedsaint”（横行的圣人）与“honorable villain”（堂皇的恶棍）等一连串的词语来表达朱丽叶强烈的思想感情，使读者如同置身于朱丽叶身旁，与这位可怜人一同分享着其内心的痛苦与无助。随着社会的进步与经济的发展，各国的优秀文化也日益发扬光大。矛盾修辞法也随之不再仅仅局限于各种题材的文学作品之中，开始出现在经济政治等等各个领域。近年出现的政治新词“frenemy”便是这种修辞方法的生动体现。“frenemy”一词取自“friend”和“enemy”这两个语义截然相反的词语，人们将其译为腹黑友，既表达了双方间之间存在合作的可能，又揭示了双方背后内在深层的矛盾，可谓是既简洁明了，又生动形象。

二、矛盾修辞的语用功能

相较于其他修辞手段，矛盾修辞法在表达方式上往往显得更为尖锐与强烈。它将两个完全对立的部分糅合在一起，通过一种特殊的方式使二者统一起来，从而表现出一些无法为其他修辞格所替代的语用功能，给读者一种难以言喻的美感体验。从总体上来说，矛盾修辞法的语用功能主要有以下三点。

（一）细致描绘人们内心的复杂情感

矛盾修辞法虽然已被人们应用于各种领域，但这种修辞手段还是最为适用于描绘人们错综复杂的内心世界。明代文学家凌濛初有言，“人心难测，海水难量”。无论是在文学作品还是日常生活中，人们总是有许多纠结的情感需要与人诉说。矛盾修辞法无疑是表露这些思绪的良好选择，其表达方式别具一格，对情感的把握也十分精确。再以莎士比亚《罗密欧与朱丽叶》中的“loving hate”为例，作者为表达罗密欧纠结和彷徨的内心感受，大胆使用矛盾修辞法，通过“loving hate”这一词组生动地表现了他内心中爱恨交织、又爱又恨的复杂情绪，真挚感人，极易使读者感到共鸣。

（二）增加语言表达的感染力

一部好的作品要做到时时刻刻吸引读者并不是件易事。叙事方式过于平淡、内容缺少起伏变化的文章总会使读者走神厌倦。而矛盾修辞法在激发读者阅读欲望方面则具有意想不到的效果。使用巧妙的矛盾修辞法在文章初次出现时经常使读者感到十分意外，但经过细细品味后读者往往能够感受到字里行间的独特韵味，从而能够更好地理解作者的真正用意。以美国诗人丁尼生的名句“His honor rooted in dishonor stood”为例，诗人以“dishonor”来修饰语义完全相反的“honor”，贴切地表达了他的名声得来并不光彩这一事实。如果把此句替换为“He has a bad reputation”，虽然语意上几乎没有改变，但却会使句子丧失了原来的灵性，读者也会瞬间觉得索然无味。

（三）通过对比冲突产生讽刺的艺术效果

矛盾修辞法除具有上述的语用功能之外，在传达讽刺情感方面也有自己的独到之处。它表面上由两个对立冲突的部分构成，实际则是一个表意完整的有机整体。它所表达的思想既对立又统一，从而在很多时候能够产生极强的讽刺效果。以欧·亨利作品中的“the poorest millionaires”为例，作者运用矛盾修辞法以“poorest”来形容“millionaires”，形象地讽刺了富翁内心空虚的状态，可谓是独具匠心。

第三节 英语情态动词的语用分析

一、情态动词

情态动词也被称为“情态助动词”，主要用来表达说话人对事件的主观倾向以及看法，是人们表达情感的主要方式。它的意义包含“是”与“否”之间的意义区间，是人们通过语言实现人际交往的重要方式。语言学家 Halliday（1985）指出，情态动词具有交际功能，能够在各种社交场景中表达不同程度的可能性。它体现出说话人的态度和观点，影响着交际活动的进行。

情态动词在英语动词系统中占据重要位置，在整个动词系统中的使用频数占 7.6%。 在 A General Service List of English Words（Michael West，1953） 与 Learning Vocabulary in Another Language（Nation，2001）当中，也都将情态动词作为高频词汇列出。可见，情态动词无论是单纯在英语语法学习当中，还是英语的日常使用当中，都发挥着不可或缺的作用。情态动词作为动词系统中的一员，在语言表达中担任着承载信息的角色。情态动词具有多义性的特质，其内涵相较其他助动词（如基本助动词、半助动词）来说更为多样，意义也随语境的变化而随之变化，因此对学习者来说想要完全掌握情态动词的用法需要曲折的认知过程。为了更清楚地呈现情态动词的多义性，我们可以将情态动词按照以下情态意义进行分类（表 5-3-1）。

表 5-3-1　英语情态动词按照情态意义分类

情态意义	情态动词
能力（Ability）	can，could，be able to
许可（Permission）	can，could，may，might，can't，may not，mustn't，must not
可能性（Possibility）	May，might，can，could，must
必须（Necessity）和需要（Need）	must（否定为 needn't），have to，need（用于否定句和疑问句）
责任（Obligation）和劝告（Persuasion）	should，ought to，must，had better
建议（Suggestion）	shall，may/might，（just）as well
许诺（Promise）	shall
意愿（Volition）	shall，will，would
勇敢（Bravery）	dare

如表 5-3-1 所示，情态动词一词多义的现象相当常见，且同时伴随着一义多词的现象。Might 和 shall 就是情态动词一词多义的例子。Might 可以表示许可，可能性，提出建议，例如：

（1）He might get there in time，but I can't be sure.（可能）

释义：他有可能准时到达，但我不敢肯定。

（2）She asked if he might go to the office.（作为 may 的过去式，用于间接引语，表许可，可以）

释义：她问他是否能去办公室。

（3）I thought we might go to the zoo on Saturday.（表建议，可以）释义：我觉得周六我们可以去动物园。

情态动词 shall 可以表示提出建议、许诺和意愿，例如：

（4）Shall I send you the book？（用于问句中，表建议）

释义：我要不要把书寄给你？

（5）I shall know more next month.（与 I 和 we 连用，表示意欲做某事）释义：我希望下个月我将知道更多。

（6）You shall have my answer tomorrow.（用于第二、三人称，表许诺）释义：你明天可以得到我的答复。

由以上的例句能够看出，同一情态动词具有多种含义，各个含义之间的差异较为细微，例如（2）、（3）句中 might 的语义都是“可以”，但一个表许可，一个表建议。类似于这种的细微差异在情态动词中有很多，对情态动词初学者来说很难察觉，所以在他们使用情态动词的过程中非常容易混淆。这种现象体现在学习者身上，表现为他们不能很好地将情态动词和语境相结合。

综上所述，情态动词是一种能够表达说话人主观倾向的、具有多义性的助动词，熟练掌握情态动词有助于说话人恰当地表达自己的意图，从而达到交际目的。

二、情态动词的作用

（一）调节话语氛围，融洽关系

情态不像数字和时态那样明确，众多语言学家也从未给情态一个普遍认可的定义。莱昂斯认为，英语中的情态本质上都是主观的。帕尔默认为，主观性是衡量情态的基本标准。佩金斯认为，情态逻辑的产生量介于人与客观世界之间的语义系统，是人们常常根据似乎可能发生的事面不是已经发生的事来思考和行动。总之，语言学家们认为，情态是说话者所表达的一种主观判断，情态和人的思维是紧密联系在一起的。主观性奠定了情态的基础，而情态动词作为实现情态的主要手段。可以起到调节话语氛围、融洽关系的作用。

（二）语言与情态关系的顺应性是满足交际的保障

情态动词的语用意义可分为两种：其一，情态动词本身蕴含的语用意义，较为固定，往往是字典中的义项；其二，语境所赋予的语用意义。往往复杂多变，具有随机性和偶然性，很难预料。由于英语中情态动词的数量是有限的，而说话者所要表达的情态却复杂多变。这就导致了一词多义和词义交叉现象的普遍存在。情态动词的多义性往往是通过语境来实现的。在实际交际中，我们不仅要生重情态动词的基本意义，还要重视其衍生意义。根据语境顺应关系的需要，有时情态动词的意义是由特定语境所决定的某种特殊意义，而非我们熟悉的常规意义。如“may”的“让步”“偶然”和“揣测”义，must 的“客观判断”义，can 的“有时间”

和“机会”义等都是语境所赋予的临时意义，是通过对语双方相互协商和语境顺应得来的。语境不是提前设定的，而是在交际过程中动态生成的。

（三）情态动词的即时性有助于理解说话者的态度

情态动词是用来表达说话者的看法和态度的，而这一看法或态度不可能在说话之前或说话之后表达，因此，情态动词总是表达说话者在说话时刻的态度，具有即时性。情态动词本身并不具备明确的时间，随着上下文的变化，情态动词的时间也会随之变化。有些情态动词的过去式，如 might（may 的过去式），could（can 的过去式）并非只能用于过去时间。还可以应用于现在场合，只是表达的语气更加委婉、客气，或者用于表示推断的更不确定性。而无过去时态的情态动词，如“must”也可以用于过去场合。由于情态动词的即时性特征，除非在特殊指定的条件下，情态动词的过去式一般并不表示过去时态，而是表达不确定性或语气委婉。如果说话者想对已经发生过的事情表达看法，通常要通过情态动词后面跟的动词变化来实现。由此可见，情态动词表达现在或过去的情况，并不是依据其本身的现在式或过去式变化，而是体现在情态动词的谓语结构上。因此，掌握情态动词的即时性，对于我们正确理解情态动词在各时态中的合理运用有很大帮助。

第四节　英语被动语态的语用分析

一、被动语态概述

在现代认知英语语法中，将英语被动语态分为真正被动语态、半被动语态和伪被动语态。真正被动语态可以在语句中找到施事者，同时又有理想被动语态和非理想被动语态之别，理想被动语态的句型，如“The cup was broken by that boy.”中 that boy 便是施事者，并且施事者对象是人，它与主动句“That boy broke the cup.”直接相对应；但“马已被汽车所取代了。（Horses have been replaced by cars.）”这句是非理想被动语态的句型，它不能与主动句直接对应，因为它存在两种解释的可能，即“汽车已经取代了马”这个客观事实和“现在人们已经用汽车取代了马”这件具体行为两种句意。

伪被动句则是另一个极端，在被动语态句型中之所以有伪被动句的存在，完全是因为 be+ 过去分词这个句型构成了它的谓语部分。除此之外，和其他被动语态相比，它既不能转换成主动语态，又不能在句中添加施事者，然而伪被动语态句型中的过去分词中的形容词部分可以和其他形容词共同应用。如：The car was old and ruined. 这种被动语态的句子有时也可将其作为主、系、表句子。

半被动语态则是介于前两者之间，它可以从动态或状态两个方面看，如，无法确定“My patience was exhausted.”与“exhausted my patience”这句话相对应，又如“The door is locked”，对于这句话的翻译，可以将其翻译为有人把门锁上了；也可以将其翻译为门是锁住状态。

在英语文章中，所有被认为是被动语态的句子，理想的真正被动句比较少见，也从而得知被动语态不是由主动语态变换而成的，大多数被动语态均属于无动原被动语态，如果随意更改主动语态，使其变为被动语态，那么将会造成 by 短语一句多用的现象，这与英语被动语态的应用规律不符。

二、英语被动语态的原型分析

（一）谓语动词被动语态的原型分析

被动语态结构是 be+ 过去分词，作为谓语动词的助动词 be，be 有人称、时、数变化。下面是几个涉及不同时态的句子：例 1：I am given a present. 例 2：This can' t be finished in such a short time. 例 3：The book was written by Johnson.

在这几个句子种，有的句子中出现了以 by 引导的介词短语，但大部分没有。也就是说 by+ 施事这个结构常常会被隐去而且不会影响正确表达和句义理解。有统计显示，英语中施事隐去的句子占全部被动句的 80% 左右，所以 by+ 施事并不是被动语态句子的原型成分。这些句子都表示被动意义，不过时态不同（包含八个基本事态），但无论时态怎么变化，这些句子都有一个共同结构：受事、be+done（过去分词）。可以看出，谓语动词的被动语态的结构原型是：受事 +be+done（过去分词），意义是受事被……

（二）非谓语动词被动语态的原型分析

1. 过去分词的原型分析

（1）过去分词作定语和状语。过去分词作定语和状语，作用或者语义接近于一个定语从句和状语从句。在状语从句中，例如：“They came in，followed（they are followed）by their wives.”因为主语和从句的主语是一致的，所以在不影响理解，避免重复累赘的情况下，将主语省略了。在定语从句中，例如“There is no time left（that is left）？”，因为定语从句的关系词和定语从句所修饰的先行词意义一样，所以也将其省略了。从句义理解的角度而言，过去分词作定语和状语，他们都表示被动意义，他们都有主语（受事）；只不过主语被省略了。那么，过去分词作定语和状语的原型理解就是：它们符合谓语动词被动语态的结构原型——受事 +be+done（过去分词），但受事和助动词 be 被省略。

（2）过去分词作复合宾语。过去分词作复合宾语的语义理解是宾语和宾语补语（就是过去分词）是一种主谓关系，表被动意义，也就是说有主语（受事）和 be+done（过去分词）。那么，过去分词作复合宾语这一类型符合被动语态的原型——受事 +be+done（过去分词），但助动词 be 被省略。

（3）过去分词作表语。过去分词作表语按照语义不同分为两种类型：第一类是表示动作的被动结构，第二类是表示状态的表语结构。

例如："The window was broken by Tim.（窗户被蒂姆打破了）" 属于表示动作的被动结构，可以看出，这种类型由受事和 be+done（过去分词）构成，也就是说，这种类型与被动语态原型——受事 +be+done 一致。第二种类型是过去分词的形容词化用法，例如："The window is broken.（窗户是破的）"，虽然过去分词在这类结构中的语义更像一个形容词，但它和被动语态的原型有关联，应纳入被动语态的范畴。某人打破窗子，窗子（受事）被打破，意义进一步引申为窗子是破的。这种类型的意义是在受事 +be+done 的原型结构意义上引申而来的，隐含被动意义。但显性意义是主语是怎样的，或者主语处于某种状态。语法学家认为：绝大部分过去分词引申而来的形容词有被动意义，但少部分有完成的意思。

2. 动词不定式的原型分析

非谓语动词的第二类型是动词不定式，动词不定式的被动语态分两类来研究：第一类是有明确主语的不定式被动结构，第二类是没有明确主语的不定式被动结构。

在第一种类型，例如："She was the first one to be invited to the conference." 当中，有主语（或者说有和不定式相关的主语），有 be+done，在例句中，受事是 the first one，to be invited 是 be+done 的不定式形式，即第一种类型符合被动语态原型——受事 +be+done。在第二种类型如 "It' s important to be concerned for the poor." 中，有形式主语，但没有不定式的主语，即没有受事，有 be+done。

3. 动名词的原型分析

非谓语动词的最后一种类型是动名词，动名词的被动分为两种类型：第一类是动名词作动词宾语的被动结构，第二类是动名词作介词宾语的被动结构。在这两种类型中，都有主语（受事）+be+done。较为特殊的是动名词作介词宾语类型，仍然有主语（受事）和 be+done。例如："Nobody can prevent their plans from being carried out." 在这个例句中，受事是 their plans，being carried out 是 be+done 的动名词被动形式。也就是说，动名词的被动结构符合被动语态原型——受事+be+done。

（三）受事 +get+done 的非原型分析

get+done 和 be+done 结构都属于被动语态范畴，但两者之间有语义区别。区别是什么？这个区别是弄清 Get+done 在整个范畴中角色的一个重要判断因素。例 1：I was promoted. 例 2：I got promoted. 例句 1 的意义是我被升职。例句 2 的意义仍然表被动，但和例句 1 有细微差别，准确意义是：我获得了升职，在设法或努力之后我被升职了。第一句的语义是陈诉一个事实，受事被……事实上，是指某个时间点的所发生的事实，是一种静态描述。第二句的语义含有变化之意，这种变化具体是指不在计划之中的意外变化或者设法努力之后的变化或者其他的变化，这种变化是一种动态的概念。正因为受事 +get+done 的意义不同于受事+be+done，所以受事 +Get+done 偏离了受事 +be+done 原型，成了受事 +be+done 的变体或者说是被动语态范畴的边缘成员。

三、被动语态的翻译

相对于汉语，被动语态在英语中使用的更为广泛。作为主题突出的语言，英语中的主语就显得尤为重要，是不可或缺的成分，一般情况下主语是处在施事谓语动词之前。同时英语也是一种物称语言，主语并不总是人或者具体的名词，抽象名词或无生命的事物也常常会作为主语出现，用来表示人的动作或行为的词就作为谓语出现。然而在汉语中，主语在某些情况下是可以省略的。在对一件事情进行叙述时，如果主语是动作的施事者，最好用主动句式，这里的施事者作主语，动词形式表现为主动态；而当主语是动作的承受者，就最好用被动句式，这里的受事者做主语，动词形式表现为被动态。

为了使意思更精准、读起来更为通顺，在对英语的被动语态进行翻译时，通常将句子直接翻译成汉语的主动句，但是有时我们也可在翻译后保持句子的被动句型。在翻译过程中原句结构的顺序有的需保持原有，有的则需做出一些调整，有的需要将个别句子成分转换即可，有的却要将句子结构完全改变。所以，我们应在分析考虑后采取不同的翻译方法来应对不同的情况。下面将列举说明翻译被动语态时的四种方法。

（一）英语被动句译为汉语被动句

在进行英文被动句的翻译中，我们可以直接将原有被动形态保留，这种方式的翻译可以起到强调被动动作或突出被动者的作用。翻译时我们可以用汉语的“被、让、挨、给”等词语来表现句子的被动结构。例如：“be captured”译为“被捕”；“be criticized”译为“挨批评”；“be praised”译为“受表扬”等等。

用以上提到的助词用以辅佐，在没有施动者的情况下，遵循“动作接受者 + 被 + 动词”的顺序将句子翻译并排列，这样就在原文主语得到保留的同时，使译文中句子主体的顺序和原文保持大体一致。例如：“Sub-health more and more attention”可译为“亚健康越来越被重视了”。用“加以、得以、遭到、受到”等词加以辅佐，后面加以谓语动词。例如：“Sub-health will make our body is getting worse，and if we are not living habits to improve，then”翻译成汉语为“亚健康会使我们的身体越来越差，如果我们不对生活习惯加以改善的话”。

（二）英文被动句译为汉语主动句

保持英文原句中的主语、谓语，但是翻译后的中文语句中没有像“被”和“把”这种表示被动的字，句子形式虽变为是主动句但是表达的仍然是与原句中相同的被动意义。“cultural diversity could also be traced to more constrained beginnings.”可翻译为“文化多样性也能够追溯到受限制更多的起源”。在这里，原句中典型的“A be done by B”的被动句式，如果被直译成“被……了”，会让句子显得过于生硬，这个时候我们调换主语和宾语的位置“被”字去掉这样读起来就会自然许多。

在英语被动句中无生命的名词作为主语，句中也没有并没有动作发出者，这时我们在进行翻译时可以在保持原句子主语和句子结构的情况下，直接用汉语的主动语态将其翻译出来。例如：“Our wedding is scheduled to be held next Saturday.”这个句子译为“我们的婚礼定于下周六举行”。

（三）转化成无主句的表现形式

无主语是汉语的一大优势，它被频繁地使用在汉语中，不管是指自然现象还是具有泛指性都是用这种方式来表现的。在英语被动句中如果动作的执行者不必讲出，那么翻译时往往采用无主句，把原句的主语译成宾语，这样翻译后的汉语更为通顺流畅。如“Internet is one of the means by which the se feelings are created and conveyed…”可译为“网络是创造和传递这些感受的手段之一……”并不是所有的英语被动句中都会出现 by 结构，这种情况下我们在翻译时仍可采取主宾颠倒的方法，句子的主语可以由介词短语中的名词或名词词组翻译而来。

（四）英文倒装句译为汉语的判断句

“The article was written by lily.”可以翻译为“这篇文章是 lily 写的”。在类似于这种的情况下将谓语部分置于“是”与“的”之间，将英语被动句翻译为汉语中的判断句。

四、被动语态的语用功能

（一）强调要点信息

被动语态的信息强调功能决定了被动结构的选用不是任意的，不同的结构传递了不同的预设信息。例如：（1）The teacher awarded the student a prize.（2）The student was awarded a prize.（3）A prize was awarded to the student. 以上三个句子的意义相同，但使用语境和交际功能大不相同：句（1）指向问题“What did the teacher do？”，句（2）指向问题“What happened to the student？”，句（3）指向问题“What was awarded to the student？”。以上三个答句不能与三个问题随机搭配，因为这里的三个问题分别是三个句子的预设，强调的是不同的信息焦点。

（二）促进语篇衔接连贯

语用预设是说话者为保证句子或语段的适宜性而必须满足的前提。例如，“The king of France is bald.”预设了“There is a king of France.”这个背景信息。在语篇中，预设信息限定着语篇后续语句的选用。也就是说，预设信息决定着语篇中主动句和被动句的适宜性。例如：（1）She rose，was followed by other colleagues of the Faculty，and went over to the Dean’s Office.（2）She rose.Other colleagues of the Faculty followed her.She went over to the Dean’s Office. 句（1）中被动语态“was followed”的选用自然地顺承了句子一开始就预设好的背景信息，即施动者“She”；而句（2）主动语态的选用使得“Other colleagues”这个未知的新信息出现得很突兀，打断了对已有预设信息“She”的处理。显然，句（1）行文更加流畅。从这个被动语态的适用情况分析可以发现，被动语态可以使并列复合句前后分句的主语保持不变，衔接前一句已预设好的背景信息，起到了衔接与连贯的功能。预设信息作为背景信息能够保证语篇信息流的畅通。

（三）语用表情功能

语用预设是那些对语境敏感的，与说话人（有时包括说话对象）的信念、态度、意图有关的前提关系。例如，“John accused Mary of beating her husband.” 这句话中，John 指责 Mary 是因为 John 个人持有 “It was bad for Mary to beat her husband.” 这样的信念、态度。有关信念、态度、意图的预设赋予了被动语态丰富的语用表情功能。例如：（1）John told me that Selena was not admitted to the university.（2）I was told that Selena was not admitted to the university. 句（1）强调 John 是当事人。句（2）强调我被告知，而并非主动、有意地打听，同时也传递了说话人故意隐去施动者 John 这个信息背后所蕴含的交际情感，表明说话者对所讲话的真实性不负任何责任；表明说话者不方便透露施动者的姓名，不想提及事件的实施者，会采用被动语态隐去实施者。又如：（3）The President faces a new crisis.（4）The President is faced with a new crisis.（5）The Foreign Ministers agreed on the treaty.（6）The Foreign Ministers were agreed on the treaty. 句（3）与句（4）、句（5）与句（6）的命题意义一样。被动语态表达的被动意义是一种静态被动，是一个事实。句（4）突出了总统在危机面前的无能为力；句（6）突出了外交部长们达成一致的被迫和无奈。而句（3）和句（5）则传递出施动者的主动性、能动性，有助于塑造总统果敢和外交部长们和谐共处的形象，表明了说话人的鲜明立场。从以上分析可以发现，语用视角下的主动语态往往表达积极乐观的态度，被动语态往往表达消极悲观的情绪。

（四）使表达礼貌得体

礼貌原则（Politeness Principle）的提出者 Leech 认为，礼貌就是要让他人多受益，让自己受损；话语越间接，礼貌程度就越高。礼貌原则包括六条准则：得体准则、宽宏准则、赞誉准则、谦虚准则、一致准则和同情准则。其中，得体准则（尽量少让他人受损；尽量多让他人受益）涉及交际双方的利益分配，适用于指令类话语。由于指令类话语要求听话人有所付出，具有内在的不礼貌性，所以在使用指令类话语时就需要有更加含蓄、间接的表达。被动语态是实现表达礼貌得体的有效手段。例如：（1）You must type the letter immediately for me.（2）The letter must be typed immediately for me.（3）You should have sent me further details.（4）Further details should have been sent to me.（5）Clean the room.（6）The room has to be cleaned. 同样是向听话人发出指令或责怪听话人，句（2）、句（4）和句（6）要显得礼貌和得体。因为被动语态的使用淡化了主语“you”，突出了事件本身“the letter”“further details”和“the room”，使得指令和责备显得客观，保护了听话人的面子。被动语态可使说话语气变得礼貌，更容易被听话人接受，进而成功地达成交际目的。

五、英语被动语态的教学策略

（一）注重差异的介绍

英汉两语除了语言表达形式不同之外，两者的语系也截然不同，尤其在被动语态表达方面，存在着巨大的差异，主要可以体现在以下几点：第一，被动语态在汉语表达中的应用频率较少，但是在英语表达中有着广泛的应用。第二，在汉语句型表达中，可以非常明显地判断出是否是被动语态句型，这是因为这些句型带有明显的标记词，如“被、受”等词汇，并且在句尾部分动词几乎没有任何变化。但是英语中被动语态可作为语句的灵魂，它可以改变语句的顺序和信息的结构。第三，在汉语表达中应用被动语态通常都带有表达者的个人感情色彩，而在英语表达中，使用被动语态的主要目的是对事物进行客观、中立的叙述，不掺杂任何的感情色彩。汉语作为母语，使用的频率最高，而英语表达需要在特定的环境中，锻炼的机会比较少。基于这两种语言表达的差异化，即便是英语水平较高的学者也会因为长期受母语的影响，无法将英语被动语态进行灵活的应用。想要提高学生这方面的应用能力，在日常的教学中，老师应向学生讲解这两种语言表达方式的差异，尽量减少母语潜移默化的影响。

（二）注重语境的创设

被动语态在英语口语表达中占有非常重要的地位，不仅可以充分体现表达者想要表达的意图，而且还能在文章中起到衔接和串联上下文的作用，重点强调重要信息。为了提高学生英语被动语态的应用能力，在日常的英语教学中，英语老师可以给学生多创设一些应用被动语态的语境，为学生带来身临其境般的体验，促使其全身心地投入到语境当中，然后以表达人的视角，根据对事件的认知，选择合理的表达方式，让英语语言表达更具感染力和震慑力，而不是在半知半解的状况下进行机械般的语态练习。语境创设的主要目的除了给学生提供英语被动语态练习的环境之外，还可以使其在选择语态的过程中，关注段落篇章的连贯性，关注焦点信息是否突出表达，同时更能站在表达人的视角充分体会其表达意图，进而增强学生对英语被动语态综合运用的能力。

（三）注重语体的辨别

英语语句中，主动语态的应用远远多于被动语态的应用。即便如此，被动语态一直是学术界研究的宠儿，这是因为它在一些语体中具有无法比拟的应用优势。为此，被动语态在知识性文章中应用最为广泛，特别是在科学文献和新闻报道等客观性非常强的非人称语体中，具有显赫的地位，但是在小说、会话体等非正式语体中应用得比较少，在日常的应用教学中，英语老师也应向学生讲述这一方面的区别，使其能够将英语被动语态更好地应用到适合的场合中。

第五节　英语一般疑问句的语用分析

一般疑问句是日常交际的常见语言表达形式，其主要功能包括间接表达祈使含义如命令、请求、建议以维护听话者的面子，表达礼貌，寻求新信息，引出新的话题等。发话者提出是非问题，听话者给予肯定或者否定的回答。情态动词引导的一般疑问句更为复杂，情态动词本身语用意义丰富，其使用和意义构成了一个变化纷纭的系统。一般疑问句与其他疑问句的主要区别就是前者包含说话者的心理状态。下面主要以情态动词引导的一般疑问句为例，从言语行为理论、面子理论及信息结构理论视角来对其进行语用分析。

一、理论概述

（一）言语行为理论

20 世纪 60 年代，英国哲学家、语言学家奥斯汀（Austin）提出了言语行为理论，人们对于语言的研究不再停留在文字和发音系统层面，学者们逐渐把注意力转向文字和发音背后所蕴藏的深层含义，甚至包括通过语言所完成的行为。Austin 认为任何一个可以施为的句子都有三个次行为：言内行为（locutionary act）、言外行为（illocutionary act）以及言后行为（perlocutionary act）。言内行为（以言述事）所表达的是语言的字面含义，即陈述命题本身。言外行为（以言行事）传递出的是说话人藏在语言背后的含义或者意图。言后行为（以言成事）是指说话者隐藏在语言背后的含义在听话者身上产生的效果。三种行为是紧密相连的，言内行为是沟通的起点，表达了说话者的最初想法，是后两者的基础，只有有了言内行为，沟通目的才有实现的可能；言外行为是前后两者的桥梁，只有听话者了解了说话者的言外之意即真正含义，本次沟通才可能成功，否则，语言信息没有正确传递，本次沟通无效；言后行为是前面两者的目的，正确的言后行为的出现是沟通成的标志。此外，有言内行为不一定有言外行为，有言外行为不一定有言后行为。原因在于，首先，说话者所陈述的内容可能只是简单的描述或者评价，没有意图；其次，就算说话者所表述的内容有言外之意，但如果听话人“会错意”或者没有明白说话人的意图，言后行为就不存在。

（二）面子理论

英国人类学家 Brown 和 Levinson（1978）在《礼貌：语言应用的普遍现象中》一文中对“面子”进行了系统的探讨。面子（face）被定义为每一个社会成员从感情和社会角度上都希望能够被其他社会成员认可的、属于自己的形象。通过与他人的交际，个人形象可以被损害、保持或增强。面子可分为两类：积极面子和消极面子。积极面子（positive face）是希望得到别人的尊重 / 赞同、喜爱；消极面子（negative face）是不希望自己的行为受干扰、妨碍。根据 Brown 和 Levinson 的理论，每一次谈话说话双方的积极面子和消极面子会面临威胁，因此几乎所有言语行为都是面子威胁行为（Face Threatening Act）。Brown 和 Levinson 认为影响为面子威胁行为的三个因素：说话人与听话人之间的社会差距（social distance）；说话人与听话人之间的相对权势（relative power）；言语行为本身的强加级别（social cultural imposition）。在社会交际中，礼貌的会话功能在于保护面子，削弱面子威胁行为的程度。

（三）信息结构理论

“信息结构”由语言学家韩礼德提出，是语言学研究领域的一个重要内容。信息指的是发话者传给受话者的音信的内容。语言中每个句子都具备信息功能，即语言能够传递交际内容。每个话语都是一个信息片段，在每个信息片段的内部或者多个信息片段都包含着两种信息：已知信息和新信息，这就是语言的信息结构。已知信息、是言语活动中已经出现过的或者根据语境可以断定的成分，新信息是言语活动中尚未出现或者根据语境思维难以断定的成分。信息结构理论还涉及信息焦点的问题。在新信息中，有些成分的信息比其他信息更重要，那么这些成分被称为信息焦点，这通常通过语音语调体现出来。根据信息结构理论，已知信息和新信息的传递可以影响语言各个层面的选择。

二、一般疑问句的语用分析

情态动词引导的一般疑问句“Can you pass me the salt？”具有复杂的语用意义。其字面意思即言内之意就是询问听话者是否具有递盐给我的能力。而在实际生活中，如果说话者对坐在盐瓶旁边的听话者说这句话。那么说话者的本意并非是质疑听话者递盐瓶的能力，而是请他递盐瓶。其实这句话相当于一个祈使句“Pass me the salt.”若听话者只针对这句话进行字面“Yes.I can.”回答而没有任何行动，则此次交流就是失败的，也可以说听话者拒绝说话者的请求。根据言语行为理论。以听话者为出发点，还可以有各种其他的间接的表达形式。前面的“Can you pass me the salt？”是询问听话者的能力。询问意愿和将来的动作时可采用其他的情态动词来引导。例如：（1）Would you mind passing me the salt？（2）Will you pass me the salt 以动作为出发点可以表达同样的祈使意思。例如：Wouldn't it be a good idea if we add some salt to the soup？不过这样的表达更为间接。如果听话者没有领会说话者的言外之意，仅仅回答说话者的问题而未采取任何行动的话，那么很难达到成功交流的目的。以上这些含有施为动词的一般疑问句的典型特点就是其回答的信息属于间接言语行为所涉及的提问意图，即间句询问的真正目的，因而只用“yes”来回答从语用角度分析是不恰当的。由此可以看出，言语行为理论视角下的一般疑问句其实蕴含丰富的语用意义，而在实际交谈中我们更需要关注的是说话者的言外之意和言后行为而不是句子本身的字面意义。

由情态动词引导的一般疑问句能够很好地维护听话者的面子。前面所举的例子“Can you pass me the salt？”听起来就比“Pass me the salt.”更礼貌。因为情态动词“can”引导的一般疑问句是间接的请求，看似没有强硬要求听话者去做某事（暗含要求听话者去做）。在听话者看来，说话者是在尊重自己，给予听话者更多选择的余地。不同的情态动词引导的一般疑问句的礼貌程度也不一致。例如：“Can 1 ask you some questions about opera？”和“May 1 ask what she said？”；当以上两句都用在征求许可的语境中，那么“may”引导的语句更加的礼貌，这个词本身的含义就是给予听话者更多选择的空间。再如：（1）Will you finish your work tomorrow？（2）Would you finish your work tomorrow？（3）Could you possibly finish your work tomorrow？以上三个例子都是询问你明天会完成你的工作吗？但是选用不同的情态动词，其礼貌程度不一样。礼貌程度依次为

will，would，could，这样礼貌程度依据听话者所拥有的选择程度变化而变化。再如寻求信息时，情态动词引导的一般疑问句比特殊疑问句更为礼貌。试比较“May what time it is？”和“What time is it？”以及“Can you tell me when the nest train leaves？”和“When does the nest train leave？”。显然，情态动词引导的一般疑问句更为礼貌，其中也隐含发话者对听话者肯定回答的期盼。

信息结构理论主要研究的是句子中信息的传递。依据信息结构理论，一个句子中的信息可以分为已知信息和新信息，而交流关注的焦点通常是在未知信息上。“Can you pass me the sat？”这样的一般疑问句，不同的语调所强调的焦点不一样，句子所表达的内涵当然也会有变化。例如重读“you”这个单词，整个一般疑问句的提问内容不变，但是命令的语气得到强化。听话者听到这样的命令会感到很委屈，因为说话者没有给听话者任何选择的机会，指名道姓地让听话者来做某事。按照信息结构理论“the salt”是已知信息，而“you”是未知信息。再者，同样的句子如果重音落在“the salt”上，那么“the salt”就变成了未知信息。然而相比重音在“you”上而言，重音在“the salt”上的句子更能维护听话者的面子。上文也提到过，一般疑问句的主要功能之一就是寻求信息。比如记者问被采访者如下问题“Would you agree that the risk may be worse and stronger than most people are willing to acknowledge？”那么记者的意图是想从被访者那里获得新信息。记者所期盼的是被访者对问题的肯定态度。不管被访者的态度如何，这样的由情态动词引导的一般疑问句是在寻求听话者对问题的观点态度。因此，从信息结构理论来看，一般疑问句主要是寻求信息，关注的焦点落在新信息上。

第六章　英语语用能力的培养策略

本章主要内容为英语语用能力的培养，共分为两个部分的内容。首先，论述了英语能力与语用，主要包括英语听力、英语口语、英语阅读、英语写作以及英语翻译五个方面；其次，论述了语用能力的培养，主要包括语用能力的含义、培养学生语用能力的目的、学生语用能力培养中存在的问题以及提高翻译教学水平及学生语用能力的策略。

第一节　英语能力与语用

一、英语听力与语用

（一）语用预设的概念

20 世纪 70 年代语言学开启了研究预设的大门，并把预设分为两大类：语义预设（Semantic Presupposition）和语用预设（Pragmatic Presupposition）。语用预设指的是对语境敏感的，与说话人（或说话对象）的信念、意图、态度有关的前提（预设）关系，是语言交际中说话人未直接表达出来但隐含着的语句，即预先设定的语言及语言背景知识，它和句子的实际语言结构有着密切关系。语用预设一般会涉及句法特征、词汇意义、结构框架和文化背景，是交际双方预先设定的先知信息或背景知识，也是一种重要的语用推理手段。

（二）语用预设与英语听力

1. 语用预设与听力教学的关系

对于英语专业以外的高校学生来说，本科英语学习的关键在于四、六级考试，需要保证在校期间取得相关证书，这对大学生的就业以及发展有重要作用。从大学英语四、六级考试设置开始进行了多次改革，到目前为止听力部分占总成绩的

35%。这就凸显了英语学习中听力的重要作用，学生要想顺利通过四、六级考试，就需要对自己的听力水平进行提升，提高英语听力成绩。很多学生在英语学习中都认为听力是学习的难点，在四、六级考试中最主要的丢分部分就是听力理解。有些学生认为自身英语知识储备量较少，英语基础薄弱，英语听力水平提升难度较大，耗费时间长却起不到效果，这使得学生不愿意将精力花费在听力练习上。这就需要大学英语教师重视学生英语听力能力的提升，要在教学中帮助学生树立起坚定信心，让学生的听力水平不断提升，保证四、六级考试能顺利通过。在开始听力考试之前，学生如果能够先阅读各个选项，并对其逻辑关系进行推理就能够为听力考试提供一定帮助，这就是对语用预设相关知识的应用。学生通过相关语境的感悟就能够根据掌握信息增强听力效果，让学生更容易找到准确答案。

2. 影响语用预设的因素

学生在大学英语听力考试中既有信息输入又有信息输出，是一个闭合的反馈过程。学生在接收到听力内容后将其转化为自己理解的内容，在这一过程中预设就能够发挥出积极作用，在预设的参与下能够将听力信息转化成语言信息。通过语用预设能够实现对语用学的研究，语用学就需要对语境进行充分体现。语境简言之就是语言使用时候的环境，要想明确某一语境需要将众多因素融合其中，这些影响因素就是语境因素。因此，在英语听力中语用预设的发挥在很大程度上取决于语境。

3. 语用预设在听力考试中的运用

（1）确定听力主题。在听力考试中学生的可见内容只有题目的各个选项，尽管题目相对较难，但是通过选项的阅读还是能够找到部分线索。通常来说选项之间都存在一定的关联性，错误答案的作用就是对学生进行干扰，学生在分析选项之后能够对预设语境有一定了解，进而判断出听力内容。这就需要学生在听力开始之前浏览各个选项，选项必然是根据原文给定的，学生在选项的分析中能够对听力的大体内容进行判断，让学生在听力开始播放后更加沉着冷静的应对。下面以具体内容为例，对语用预设进行分析。

【示例】A：because he broke into a house and stole jewelry.

B：because he broke into a garage and stole items.

C：because he broke into a shop and stole goods.

D：because he broke into a bank and stole money.

对 ABCD 四个选项进行分析，可以对听力内容的主题进行预设，也就是“窃贼进行了某项偷盗行为”，窃贼闯入某个地方盗窃了财物，选项中就表述了他盗窃，通过听力内容需要学生判断出他是在什么时间、什么地点进行盗窃。

（2）正确选项的预测。如今在四六级英语听力考试中通常会有若干问题被包含在一个音频内容中，这些内容大多具有很强的关联性，在对题干进行分析之后就能够实现主题的预设，还能够得到一些题目的正确答案。预设理论的应用能够让学生更容易筛选出正确答案。

【示例】题目一 A：Education B：Medicine C：Journalism D：Advertising

题目二 A：the foundation of the New York world B：the establishment of the Pulitzer prizes in his will C：the dedication to journalism in American D：the donation to a school of journalism

通过对题干进行分析可以发现在题目二中有两个选项中都出现了词语 journalism，再分析选项 B 能够发现文章与新闻相关，这时学生就能够确定题目一的最佳答案为 C，在听听力内容时只需要对其进行验证。

二、英语口语与语用

（一）合作原则及礼貌原则

礼貌是人们在言语交际中形成的一种默契，并在潜意识或下意识中遵守的原则。作为语用学领域研究的重要课题，礼貌原则探讨了礼貌言语行为的使用规则。用英国著名语言学家 Leech 的话说，“礼貌原则与 Grice 的合作原则相似，是人们在交际行为中共同遵守的规范。它使人们在交际中保持和谐，避开冲突与冒犯。”在语用学研究中，礼貌原则和合作原则常常相提并论。美国哲学家 Grice 于 20 世纪 60 年代后期在他的《逻辑与会话》一书中曾提出合作原则及会话含义理论，分析了人们为保证交际得以顺利进行应当遵守的一些准则即合作原则，并提到如果故意违背合作原则可能产生的会话含义，但他并未解释为什么人们会违背合作原则进行交际。Leech 的礼貌原则被看作是合作原则的补充应运而出。Leech 认为，人们是出于礼貌，保全双方面子，才故意拐弯抹角或含糊其辞或避重就轻。在 Leech 的礼貌框架下包括六条准则：得体准则、慷慨准则、赞誉准则、谦逊准则、一致准则和同情准则，各准则下又包括两条子准则。具体如下：（1）得体准则：尽量少让别人吃亏、尽量多使别人受益。（2）慷慨准则：尽量少使自己得益、尽量多让自己吃亏。（3）赞扬准则：尽量少贬低别人、尽量多赞扬别人。（4）谦虚准则：尽量少赞扬自己、尽量多贬低自己。（5）一致准则：尽量减少双方的分歧、尽量增加双方的共识。（6）同情准则：尽量减少双方的反感、尽量增加双方的同情。

另外，Leech 还就礼貌原则的等级提出了三种语用等级，包括损益程度等级、选择程度等级和间接程度等级。具体来说，听话人得益程度越大、给予的选择余地越大、话语越间接，则礼貌程度越高。Leech 提出的礼貌模式是对人们共同遵守的交际行为的集中概括，为研究语言中的礼貌现象提供了新的视野，但其以准则形式出现的理论和试图概括所有语言中的礼貌现象也遭到了诸多质疑。对礼貌原则的批评主要集中在它的普遍性和文化趋向性，因为 Leech 仅在研究英语的基础上总结出礼貌原则，并未考虑西方世界以外的语言，即缺乏很强的文化适应性。另外，从内容上看，各项礼貌准则有重复或意义相似的现象，这更减弱了礼貌原则的理论效力。

（二）得体原则

1. 得体原则概述

（1）得体原则的产生

1967 年，H.P.Grice 提出了著名的合作原则及其四条准则，该理论认为：为使语言交际得以顺利进行，谈话双方必须遵循合作原则及其准则。但在现实生活中，为了达到某种交际目的，人们经常故意违反某一准则，说假话、空话、过头话等等，合作原则很难解释这些现象。为了弥补合作原则的局限，Brown 和 Levinson 于 1978 年提出了“面子论”。随后，Leech 在 Brown 和 Levinson 研究的基础上，于 1983 年提出了礼貌原则。礼貌原则作为合作原则的“补充”，有效地解决了合作原则不能解决的一系列麻烦，但它也有不足之处。因此，寻找一个涵盖力强覆盖面大，能包容礼貌原则在内的高层次的具有普遍性的原则成为必然。我国语用学者索振羽等在承认合作原则重要价值的基础上，进一步指出要合理地解释言语交际中出现的各种复杂现象还需要应用得体原则。在得体原则中，我们把适合不同语境的需要，采用拐弯抹角（间接）方式，说出的话交际效果最佳叫作“得体”。得体原则作为最高的语用策略，是言语交际的终极目标。

（2）得体原则的准则

①礼貌准则。在言语交际中，交际者总希望得到别人的尊重。为了尊重对方，说话人需适应语境采取一些恰当的交际策略以示礼貌，得最佳交际效果。以索振羽为代表的中国语言学家对 Leech 的礼貌原则做了必要的修正和调整。他们把 Leech 礼貌原则里的赞誉准则、谦虚准则、一致准则、同情准则、宽宏准则都降级为得体原则中礼貌准则的次准则，另外在分析汉语的基础上，增加了“恰当

的称呼次准则”。这些次准则运用于言语交际都是合乎礼貌的，在不同的语境下，采用这些方式说话，能达到最佳交际效果。

②幽默准则。前面讲到礼貌准则是使话语得体的重要准则，因为符合礼貌准则的话语能适合特定语境达到最佳交际效果。但是得体的话语并不都是礼貌的。例如幽默话语，对听话人来说就不一定礼貌，但不能因此说它是不得体的，因为在特定的话语环境下，幽默话语的交际效果最佳。例如：一位沉浸在爱河中的数学家和女友在月下花间散步，女友说：“我满脸雀斑，你真的不在乎吗？”数学家说：“我一生最爱跟小数点打交道。”这个对话里，数学家把“雀斑”比作“小数点”，并声明“爱跟小数点打交道”，用幽默的话语使得女友心领神会，达到了最佳交际效果。

③克制准则。克制准则也是得体原则的一个准则。在言语交际中，说话人由于种种原因不直言不讳地训斥他人，而采用 克制的方式来表达对他人的不满或责备。

2. 得体原则在英语口语教学中的应用

（1）礼貌准则在英语口语教学中的应用

礼貌具有明显的民族性。这个民族认为是“礼貌的”，另一个民族也许认为是“不礼貌的”；这个民族认为“不礼貌的”，另一个民族也许认为是“礼貌的”。但是不论东方文化还是西方文化，每个民族都是提倡礼貌、重视礼貌的。所以与来自英美国家的人士交流时，一定要先了解怎样做才是礼貌的。例如，中国人觉得询问别人的工资、婚姻状况等是可以接受的，但英美人士却认为这些属于个人隐私，所以在双方谈话时避免这样的话题才是礼貌的。总之，各个国家的文化不同，礼貌体现形式也不同。学生在英语学习过程 中，应多了解各国文化背景知识，学会得体地用英语与他人交流。

（2）幽默准则在英语口语教学中的应用

幽默的语言是指能引人发笑，但不庸俗，不轻浮的语言，它含蓄而富有哲理，是一种具有诉诸理智的“可笑性”的精神现象。幽默话语看起来也许并不是很有礼貌，但在特定的话语环境之下，恰当地使用幽默话语有利于言语的得体表达。但是用英语恰当的表达幽默是对学生的一个极大的挑战。语境是需要注意的一个重要因素，它既涉及谈话的时间、地点、对象等客观因素，还涉及话语交谈者的身份、职业、处境、心情等主观因素。所以在英语口语教学中，让学生熟悉各种各样的语言情境是非常必要的。

（3）克制准则在英语口语教学中的应用

克制的说出自己想要表达的话语，主要用于谈话双方产生分歧时，因为要维持礼貌或其他原因，谈话一方不愿意用直接的语言来表达，而采取间接方式表达自己的意思。在实际语言交际中，产生分歧是很正常的现象，所以在英语口语教学中，我们要教会学生面对分歧时得体的表达自己的态度或者理解别人的态度。

（三）学生英语口语语用能力现状

语言能力不等同于语用能力，语言能力涉及语言的语音、词汇、句法、语法等方面，语用能力则较多涉及语言交际、对言外之意的领会以及对语言背后社会文化风俗的理解。高中阶段，学生在英语学习方面的重点为词汇、语法、句型、阅读能力和写作能力方面，在口语训练方面花费的时间较少。许多学生升入大学后存在音标和词汇的发音不准确问题，无法流利地进行日常的口语对话交流，就是因为高中阶段缺乏对口语语用能力的关注和培养。具体问题为缺乏语音知识、缺少口语交流机会、缺少口语交流热情。

（1）学生缺乏语音知识，语音能力较弱。部分大学生对基本语音知识缺乏足够的了解，无系统的语音知识框架，对每个音标的发音和差别概念模糊，究其原因是高考强调听力、阅读、写作能力，没有口语考试或口语考试不列入总成绩范围，因而中小学英语教育较多关注学生的阅读词汇和语法能力，教师在教学中忽视对学生发音的指导，使学生没有口语练习机会，基础薄弱，对英文单词发音较为陌生，最终学习的只是“哑巴英语”。

（2）缺乏口语训练机会。虽然大学英语口语教学越来越受到学校和社会的关注，但在大学英语课堂上，教学过程主要是教师进行讲授，学生聆听并记录，这种教学方法的优点是知识密集，但缺点是学生被动地接受教师的讲授，在课堂上缺少口语使用机会，或者只能进行简单的口语交际。课堂之外，学生很难接触到需要使用英语进行交流的情景，缺乏英语使用场景和口语交流机会。

（3）学生缺少口语交流热情。学生口语能力的缺乏导致口语使用上的不自信，存在胆怯心理，害怕受到教师批评，来自其他同学的压力也无形中增加了学生的心理负担。学生心理产生不适感和抵触情绪，这些情绪会导致学生的口语交流热情降低。部分学生认为在以后的学习、工作、生活中，很少有使用英语进行交际、交流的机会，英语考试又只强调听力、阅读、写作，口语缺乏实用性，这也是导致学生难以产生热情的一个原因。

（四）英语口语语用能力提升策略

（1）提高学生口语语用能力。学生口语语用能力的提高应该从两方面入手。一方面应注重提升学生的语音知识，包括音标、词汇的正确发音方式、发音技巧和语法句法层面的语音知识。音标是英语发音的基础，在教授过程中，向学生展示各个音标的舌位变化，找到正确的发音方法。语法和句法帮助学生正确生成英语句子，进行表达。另一方面，口语能力的提升应从语用学角度出发，在语言交际中注重语境，遵循合作原则。口语交流涉及跨文化知识，例如在初次见面时会问候“How do you do”，如果缺乏语用知识，而回答“Fine”之类的话语，就不能认为其进行了成功的交际。教师在教学中应注重语境知识和跨文化知识，帮助学生正确理解和识别语境。

（2）创造口语语用场景。在课堂上，以往教师为主体的教学模式不适应大学课堂，学生应该成为课堂的主体，而教师应鼓励学生多发言，为学生创造使用英语进行交流的课堂氛围。另外，英语口语训练不应局限于课堂上，第二课堂的交流形式更加丰富多样，可以在保证课堂正常授课的情况下，作为口语训练营，为学生提供口语交流机会，创造英语语用情景，帮助学生在语境中理解和使用口语对话交流。

（3）激发学生热情。对于基础较薄弱且没有信心的学生，教师应该多鼓励，找出其优点，帮助学生树立信心；对于基础较好的学生，教师可注重技能的传授，帮助其找到发音的诀窍，可与其进行有些难度的口语交流，鼓励其不断的突破自我。激发学生口语学习热情的另一个关键在于使学生正确认识到英语的重要性，教师可以向学生解释说明，在当今社会，能用英语进行流利的交际对话是重要技能，将大幅度提升自己的竞争力。学生认为在以后的工作和生活中，使用英语进行交流是一项必不可少的技能，就自然会对英语口语技能的提高产生热情。

三、英语阅读与语用

在语言学中，语用学（Pragmatics）是一个较新的领域。它主要研究在具体语境（context）中如何正确使用语言，尤其是出现在特定情景中的某些特定话语。在这些话语中，有对词语、句子的解读，也牵涉到对语段的理解。如果话语以对话形式出现，也会涉及说话人、听话人的角色以及对话的自然元素。除此之外，在英语教学过程中，学生还要试图通过具体的语境（context）来正确理解语言，并且进行使用。语用能力一般是这样界定的：在特定的语言环境中，从对方的说话角度来理解说话的内涵，进而理解说话者所要表达的意思，并准确地表达自己的思想，实现双方进一步有效交流和沟通的一种语言交际能力。对英语阅读教学来讲，语用，较之语言能力，更加有难度和挑战。根据新课标的要求，在英语阅读教学中，教师不仅要关注对学生学习能力和理解能力的培养，同时也要注重语用能力的强化和提升。所以，结合此项要求，在阅读教学中，还必须强化对语用能力的了解，采取积极有效的培养策略。

（一）注重阅读实践，拓展阅读空间

在课堂教学中教师为了能够进一步培养学生的英语语言运用能力，一定要先去培养学生良好的阅读兴趣，让学生掌握阅读的方法。可以指导学生进行快速阅读，平时在学生完成阅读题目的时候，教师就应该指导学生带着问题快速地进行阅读，可以从文章中找出答案，在进行快速地浏览文章的时候要注意把握关键词，针对关键词进行梳理得出文章的观点。另外就是在英语阅读中学生可能会遇到很多不懂得单词，毕竟英文单词众多，学生不可能全部掌握，那么在这个情况下教师就应该培养学生猜词的能力。因为平时的练习时学生习惯查阅字典，这样会影响到学生阅读的速度，而且考试的时候是不能查字典的，一个单词在不同的句子还有语境下有不同的含义，因此，教师应该培养学生联系上下文理解单词的能力，指导学生可以根据文章的句法结构还有单词的构词法和上下文对生词进行猜测，培养学生这种猜词习惯。同时在学生进行阅读学习的时候也应该要注重培养学生对主题句的把握，通过主题句更好地掌握文本的中心思想。最后就是教师要鼓励学生进行课外阅读，拓展学生阅读的空间，毕竟教材的内容有限，学生仅仅借助课本的内容肯定不能很好地丰富阅读量，也无法获得语言能力的培养，所以教师要推荐学生阅读更多的课外英文书籍，鼓励学生在阅读中培养英语语感，这样可以进一步丰富学生的语言知识，也能在很大程度上培养学生的语言运用能力。

（二）注重情境创设，创造语用环境

在英语教学中培养学生的语言运用能力应该注重情境的创设。目前初中学生的语言运用能力普遍较低主要就是因为他们缺少一个真实的语言学习的环境，不能很好地融入课堂的教学中，也无法有效的应用英语进行交流和内容的表达。英语是一门语言学科，最好的学习方式就是要在特定的环境下使用和反复的训练，而且当前我们开展英语教学最为主要的目的就是为了能够让学生获得语言综合能力的提升。那么教师就需要根据教材和教学的内容去为学生创设情境，为学生创

造相对真实的语言运用的环境，让学生可以在一个英文环境下进行英语的训练，避免受到汉语母语的干扰和影响，这样学生所学习到的英文才是地道的。例如在学习《How much are these socks？》这一课时，教师就可以以单元的主题为中心为学生创设一个购物的场景，然后让学生在这个情境中完成表演，让学生借助单元所学习的单词和句型进行对话交流，通过一个真实的英语购物场景的创设，学生能够很好地进行知识的训练，进一步提升语言运用能力。除此以外教师也可以根据教材的内容为学生播放一些视频，让学生可以融入视频的情境下，在这个情境下去体验英语语言，获得语感能力的培养，从而提高语言运用的能力。例如在学习《How do you make a banana milk shake？》时，教师可以借助多媒体让学生了解中西方文化差异，了解西方节日，进一步培养学生跨文化意识，让学生能够学习到地道的英语和英语文化。

（三）开展口语活动，促进语用实践

为了能够实现学生语言运用能力的提升，需要组织学生进行真正的语言实践活动，让学生在交流中提升对语言实际的运用能力，教师可以根据教学的主题组织学生完成相关的口语训练，通过反复的训练帮助学生获得语言运用能力的提升。教师可以组织学生进行情景对话训练，也可以组织学生进行角色扮演、课本剧表演等活动，或者在课堂中尽可能让学生全使用英语进行交流和提问，通过这样的训练能够使学生的英语水平获得一定程度的提升。例如教师可以以课本的某个观点为主组织学生开展英文的辩论赛，或者让学生进行课本剧的对话表演，这些活动形式都可以在很大程度上调动起学生的学习积极性，让学生更好地融入角色对话中，在对话中培养学生的语言运用能力。

四、英语写作与语用

（一）英语写作中的语用失误

1. 语用失误概述

（1）语用失误的概念。通常来说，语用失误是指在交际过程中说话的时间、方式以及语言表达不合适，从而在交流过程中出现一些错误的现象，以至于与预期效果偏差较大。需要注意的是，语用失误指的不是字面意思上的语法使用错误，或者是英语句子中的单词运用错误。

（2）语用失误的分类。我们日常所说的语言失误现象主要可以分为两个部

分，第一种是语言方面的语用失误，这种方式主要是指学生在运用英语进行表达的过程中与英语实际表达方式不同，即没有准确掌握英语语言表达的正确方式，在进行英语表达时，运用母语的相关表达思维进行表述。比如，下面这样一种情景，当一位顾客走进一家连锁商店，一位中国店员想要询问顾客的购买意愿时，说了一句：What do you want to buy？会让外国顾客感觉到这位店员很没有礼貌，从而大大降低预期的效果。正确的说法应该是：What can I do for you？或者 Can I help you？英语表达和汉语表达在一定程度上是有很大差别的，因此，在进行一些特殊情境的交流时，要注意表达方式不能太中式化。社交方面的语用失误是指在日常生活交流中对于一些西方的社会背景和风土文化以及宗教信仰不了解，而在交流过程出现一些不恰当的表达。

2. 英语写作过程中出现语用失误的原因

（1）母语的负迁移原因

这里所要阐述的母语负迁移主要是指学生受自身母语相关语言规则的影响，导致其将具有不同类型以及特点、目的的语言的相关同一结构看作是完全同义结构，从而导致相关语句不加选择地乱用，出现语言过于生硬、表达意思不符的问题。相关研究表明在外语学习过程中不论是从词汇、句型还是语法方面进行分析，其都存在极为明显的负迁移现象，这种情况将直接突出学生写作问题，并且会给学生英语写作造成极大影响，阻碍了学生写作交际能力的提高。在英语作文写作中，大多都是教师给定相关关键词，激进型扩展与翻译，学生自身的写作模式被禁锢于传统写作模式中，翻译式的写作方法会在极大程度上阻碍学生整体写作思维的发散度，仅仅局限于汉语思维，在这种背景下母语负迁移问题是不可避免的。例如：一名外国友人向学生询问，“这所饭店好吗？”，学生回答“当然”，选用 Yes，of course. 作为回答就十分不合适，在回答句中运用 of course 一词会显得极不礼貌。在这一背景中，外国友人的整体语句是想要求学生提供一定信息的询问语句，如果运用上述回答方式进行回答，会在一定程度上表现出“不言而喻”的理解意思，让人感受到回答者的无理。

（2）中西方思维模式的差异性

英语写作建立在西方思维基础上，英汉语篇组织结构的不同正是因为中西方思维模式的差异性。在英语写作过程中，经常会出现以下问题：120 词左右的作文，学生写到近一半依旧没有切入主题，这种迂回式的写作模式正是中国思维的集中体现。中国写作的思维大多为“螺旋式”向前推进，具有极为典型的间接性以及感性特点，往往体现在切入主题前有过多的陈述以及迂回的表达方式，整体文章表达具有一定的模糊性。但是在西方国家，其整体思维模式是以古希腊逻辑辩论体系为基础发展建立的，这种思维方式具有极为明显的重理性以及重分析的特点，为典型的“直线型”思维模式，这种思维模式的建立让西方人不论是从语言还是写作方面都具有直接性，以相关关键主题作为作文写作的基础进行论述。也正是由于中西方思维模式上存在的极大差异，导致了学生在进行英语写作过程中出现主题不清、逻辑混乱以及上下文联系不够紧密等问题。

（3）英语写作教学过程中存在问题

绝大多数高校并没有专门开设相关的英语写作课程，写作教学也仅仅是作为日常英语教学中综合技能训练的一部分，且写作教学开展时间间隔较长，受重视程度较低、开展频率较低。与此同时，学生进行练习的主要方式为相关模拟试卷后的作文题目，教师在写作前不能针对学生的具体问题进行进一步指导与解决，教学的重点也只放置在对学生写作后的粗略批改与点拨上，点拨的重点也仅为相关词汇以及语法的纠正。

（二）英语写作语用失误的应对策略

1. 巩固语法知识，紧抓词汇讲解

针对学生语法掌握不牢固的问题，建议教师有针对性地讲解学生语法薄弱环节，有针对性地敦促学生课上和课下反复训练与复习，使学生能更为全面、牢固地掌握英语基础知识、语法规则、语用错误的避免方式等。在写作中，学生的语用错误现象无不表明部分学生并没有很好地掌控基础词汇。如名词是使用可数名词还是不可数名词，动词是使用及物动词还是不及物动词，部分学生对词性概念更是迷糊。基于此，教师应该针对学生的英语写作语用错误多为学生讲解基础词汇和新词汇，增强两者之间的贯通性，重点讲解英语的用法、搭配、词缀、派生词、构词法，通过温故知新让学生领会贯通新旧知识，自觉形成英语写作思维。此外，在写作技能培养的过程中，建议教师以四六级考试要求为基准，尽可能突出英语写作的实用性特征，并借此来重点讲解中英文的差异，如英文和中文在书信落款、称呼、格式等方面存在明显的差异，学生带着这种差异意识来写作，自然能避免文化冲突。在巩固语法知识、紧抓词汇讲解的过程中，教师要及时了解学生的学习态度、方法、目的、动机、效果、汉语水平、兴趣爱好、记忆力强弱、写作能力与思维水平等，以及学生对教师现有写作教学方式、方法等的建议、意见，双方及时相互沟通，利于教师从学生实际需求和水平入手，按照教学相长的原则，来调整或者拟定写作教学的用具、方法、内容等。

2. 强化目的语文化导入，培养学生的语用能力

众所周知，国人从出生开始就处在汉语言覆盖范围内的社会文化圈里，大学生从小到大所受到的文化熏陶会使之不自觉地具备符合汉语言特征的文化素养，其思维方式和举止言谈都会打上中华民族文化的烙印。长期以来的文化群体认同感会使大学生在英语写作中有意识地遵守汉语文化准则，并认为其他种族也会接受自己的写作方式和思维。但是中国人惯性的口吻并不一定能被英美人接受。如此，东西方的社会习俗、思维方式等的差异，应该作为跨文化交际下大学生在英语写作中应对语用错误的重要前提。建议教师以英语跨文化交际要求为基础，按照写作实用性要求，培养学生跨文化交际意识，引导学生走出意识误区。基于以上论述，英语教师在课堂教学中可使用比较法、展示法、注释法、参与法、表演法等来有目的地导入目的语文化，纳入语用知识并培养学生的语用能力。比如，在课堂上使用网络技术和计算机等现代化手段展示某一文化现象，给出与教学内容相关的各类现象、语用文化背景知识、跨文化语用准则等的注释。鼓励学生自行查找和搜索文化知识，为学生讲解并与之共同讨论英语文化知识，对比分析中西方文化在告别语、赞美语、称呼语等方面的差异，甚至为学生提供角色扮演，合作探讨写作主题以及此主题在跨文化背景下写作注意事项等的机会，让学生在共同沟通、独立思考的过程中逐步提升语言敏感度。为了最大化培养并提升学生的语用能力，建议教师邀请学生共建第二课堂，为学生开设英文电影观赏课，鼓励学生读英文报纸，参加英语沙龙、英语角、英语演讲比赛等，此种教学方式在激发学生英语交际兴趣的同时，也能为学生的语写作提供语用案例及素材。

3. 强化英汉对比教学，以阅促写着重基础训练

考虑到大学生英语写作过程中容易受母语文化和汉语思维方式等的干扰，因此教师在培养学生跨文化意识的过程中，需要有意识地侧重学生英语语言使用思维、英语文化和语言使用规则，英汉两种语言写作要求差异等的诠释。语言作为文化的载体，在英语写作跨文化意识的培养要求下，教师要以母语负迁移对学生产生的影响为依据，将文化教学与外语教学相融合，适当导入词汇文化内涵、文化背景等知识，引导学生了解英美国家的文化习俗、社会风貌、思维方式、价值观念等，逐步培养学生的跨文化意识，强化学生对英语句法、词汇、篇章特性等的领悟和理解，增强学生英语语言使用的得体性与正确性。

英语教学与写作教学的融合也极为重要。教师可将学生英语写作基本功的培训视为引导其应对跨文化语用错误问题的切入点。目前，高校所开设的大学英语课程是学生大学期间学习英语的主要载体，然而大多数英语教学侧重英语知识的

传授，缺乏教学实践环境，使学生在英语写作中存在语言实际应用能力不足的问题。对此，建议教师强化语篇、语法、词汇训练，从引导学生了解句子结构、句子特征、句子类别、词性特点入手，借助基本句子写作训练等，来逐步提升学生基础知识与技能水平。学生只有充分了解英语语法特征，才能循序渐进地写出地道的、表达正确的英语作文，提高英语写作水平并降低英语写作中语用错误出现的机率。所谓“读书破万卷，下笔如有神”，写作和阅读之间的紧密关系在此句中表现得淋漓尽致。学生积累英语词汇量不能仅依赖于丰富的阅读量，还可以从学生生活入手，选择学生耳熟能详的场景作为其跨文化交际中写作方式锻炼的背景，比如按照陶行知先生所提出的“生活即教育”理念，鼓励学生从生活中发掘写作素材和内容，引导学生按照教师提供的主题来分析同一主题在不同文化背景和文化思维下的写作要求、思路、逻辑，借助优秀文学作品等引导学生深入了解和分析写作的时代背景、社会背景要求，在辅助学生分析优秀作品并学习作者创作形式与思想表现方式的过程中，丰富学生阅读和写作的词汇输入量。

五、英语翻译与语用

语言可以作为文化载体，换而言之，文化以语言为途径进行发扬和传承。由此可见，翻译是指通过一项语言为载体，将对应的文化内涵转变成另一项语言的方式。习语是具有一定特殊性的表现方式，通常形象较为鲜明、结构凝固度高，且所承载的信息较多，因此具备明显的修辞色彩。若语言体系中缺少习语，则语言往往会显得较为单一和枯燥，在人际交流、写作过程中适度运用习语，能够提升语言感染力，这也可以使得语言内容更加生动、形象和完整。

（一）习语概述

学术界研究人员对于“习语”的概念界定做出较多探讨。“习语”是英语单词“idiom”的直译，其常见定义如下：Weinreich（1969）经过研究分析后指出，习语至少需要包含两个多义成分，能够通过上下文语境分析获知其底层意义，且具有凝固特征，可作为特殊用语单位在交流时单独运用。其后，Cowie（1975）在其文章中认为，习语是一种特殊的语言，是两个词语或多个词语的直接组成，从功能角度而言，属于一项典型的语义单位。Ammer（1997）认为一个习语通常由至少两个词语组成，并属于固定词组，且该习语的具体意思与各组成词语的意思并不相同。Schweigert 等（1988）强调习语是人类口语环境中的一种常见表达方式，且具有普适性特征，与其字面意义并不一致，通常具有一定比喻义。

从上述定义能够发现，这些观点对于习语构成的理解基本一致，均强调习语需由至少 2 个词汇组成，认为习语具备“非语义合成性”，但同时上述定义界定仍较为模糊。经过研究认为习语具体定义可适当简化，通常可以指固定组合在一起、能够形成独立句式的一种“语言块”，其含义通常并不能直接由其中的组成词汇体现。由此可见，习语的形成以及语义内容存在明显的约定性，与习语形成的社会风俗、历史文化、民族信仰存在直接关联。习语的存在与发展与其所处的社会环境密切相关，通常受到地理因素、经济因素、政治因素影响，且能够体现出社会文化、民间习惯、道德规范、政治制度等。这也表明，习语具备民族特色和文化特色，而翻译是一项实现文化交流的良好方式，需要将不同的民族思想、文化内容进行交互。因此习语翻译质量直接关乎文化交际效果，且在翻译过程中也往往面临如何应对习语存在明显的文化特征的问题。

（二）英语习语在汉语文化中的对等翻译

1. 地理方面

地理对于文化的影响是非常大的。英国是一个岛国，在古代的历史上，英国人在航海的道路上走得更早更远。在英语中，“spend money like water.”用来比喻那些花钱没有概念像流水一样的人，而汉语中我们常常用“挥金如土”来形容这种现象。与英国发达的航海文明相对比，我国的历史上内陆的文明是相当发达的，土地的意识在民族的灵魂里根深蒂固，我们的生活繁衍离不开这片黄土地。在英国尚未进行工业革命的时候，由于岛国的原因，英国的捕鱼业是很发达的，许多的人依靠捕鱼为生。渐渐的，许多与鱼有关的习语也就诞生了。比如用来形容喝水喝的非常的多的用“to drink like a fish”，中文中与之相对的是“牛饮”，与英国捕鱼为生相比，中华民族数千年来主要依靠农耕来获取粮食，故而形成了这种习语上的差别。

2. 风俗习惯方面

在语言的文化河流里，有许多风俗习惯相关的习语产物。狗，在中国的历史中，地位是十分卑微的，尽管在当代，许多人养了宠物狗，狗看似地位还不错，这是因为中西方文化交融的结果，也是经济全球化后所形成的。我们所养的宠物狗，大多还是阿拉斯加、泰迪、金毛这种国外的品种。大家都知道中华田园犬，许多人口中的土狗，就是看家护院的。狗在中国的传统文化里地位十分卑微，从“狐朋狗友”等传统的中国习语中可以看出来。而在前文中应用的例子，“Bob is really a lucky dog”中文翻译为“鲍勃真是一个幸运儿”，这就是因为在西方文化里，狗是人类的好朋友，所以他们把狗的地位和人相等，才有这样的比喻。这就是传统的风俗习惯所带来的文化上的差异。

3. 历史典故方面

每个文化的历史中，都会有许多著名的历史事件，称之为典故，而典故常常成为习语的由来。中国的文化博大精深，有许多的典故引申而来的习语，比如“闻鸡起舞”比喻刻苦勤奋的人，“凿壁偷光”，比喻努力学习的人等。英语的习语则是与圣经里的故事和古希腊古罗马息息相关。如“Achilles heel”，译作唯一致命的弱点，“a Pandora box”，潘多拉魔盒代表灾难的象征。此外，二战之后，工业经济对于习语的变化也有巨大的影响。比如传动装置是一个机器最重要的组成部分，若是失去了传动装置则会导致整台机器失去控制，这就有了习语“throw out of gear”。喜欢玩股票的都知道股票中常用的“bull mark”是指“牛市”，比喻股票上涨，正是来源于牛头总是昂着的面貌特点。

4. 颜色认知方面

英国文化和我国文化对于颜色的寓意认知存在一定差异，主要体现在对不同颜色的对应寓意理解存在不同，其中对红、白这两种颜色的认知差异最为明显。英国民众普遍表示白色代表着典雅、纯洁，这在习语中也较多体现，例如“white man”意为“品行高尚的人”，“white lie”意为“善意的谎言”，“a white spirit”意为“正直理念”；而通常将红色与“火焰”“血”相挂钩，如“a red battle”表示为“血战”，“red in tooth and claw”表示为“残酷无情”。而我国社会则普遍形成白色代表死亡、消失的联想习惯，如亲友逝世被称为“办白事”，此外白色往往也代表阴险、可恶，如“白眼狼”“白脸曹操”等，但我国社会普遍将红色与吉祥如意、喜宴喜庆相挂钩，例如新娘嫁人需要戴上“红盖头”，参与喜事时“出份子”被称为“送红包”，做生意的人期望能够走“红运”。

（三）英汉习语的主要翻译方式

英语和汉语是在不同的国家和文化背景之下产生的两种语言，影响因素颇多，这使得英汉习语的翻译工作也会受到比较大的阻碍，因此翻译工作者需要注重两种语言的转换，并且掌握习语互译的规律，这样就能做到准确了解原作的含义了。

1. 直译法

所谓直译法，就是简单地按照字面含义进行翻译。相对于意译法，直译法使得英汉习语保持原文的色彩风格。以下几个英语习语就采用了直译法的方式进行翻译：“Love money as one loves one’s life”译为“爱钱如同爱生命一般”，因此可以将其与汉语习语中的“爱财如命”进行同等翻译；“Abide by the law and behave oneself”同样地，这一英语习语可以翻译成“安分守已”。

以上两句习语翻译都采用了直译法，从中能够看出，这种翻译方式最大限度地保留了英语习语的形象和含义，而且经过翻译之后，母语是汉语的使用者能够快速进行理解。尽管英汉习语之间具有比较多的文化差异，但这种翻译方式削弱了这种差异性，对于英汉之间的文化交流也是极为重要的。

2. 套译法

所谓套译法，就是借助汉语成语来翻译。由于文化背景不同，原文的形象有时不符合中国的习俗，如果直译出来就会颇为费解，或由原文的形象引起另一种联想，从而影响原文意思的准确传达，这时大多可以采用套译法。这种翻译方式可以保持不同习语的鲜明性和主动性，更能达到语义对等的良好效果，这在不同语言的翻译工作中是非常重要的。“Fools rush in where angels fear to tread”就可以应用套译法，将其翻译成为汉语习语中的“初生牛犊不怕虎”，这两句习语所表达的含义不谋而合，而且还具有大致上相同的形象和比喻。同样，“Every potter praises his own pot”这句习语可以翻译成“老王卖瓜，自卖自夸”，这种翻译方式具有高度形象化的特点，适用性也比较高。

3. 意译法

不论是汉语习语还是英语习语，很多习语都带有比较浓厚的民族文化色彩，在翻译时最好将这些民族色彩也翻译出来，这样能够使读者对不同的习语具有深刻的理解，并且采用“同等代替”的方式来进行翻译，使得汉语习语的含义有准确的表达。例如，“你真是不到黄河不死心”这句汉语习语，如果采用直译法，将其直译为“Don’t give up until you reach the Yellow River”，这会使读者不明所以，因此在翻译过程中需要将其翻译成“ambition never dies until there is no way out”，这也是“不到黄河不死心”的主要含义。

4. 直译结合意译

事实上，英汉习语的文化差异是比较大的，因此在对其进行翻译的过程中，需要将直译法和意译法进行灵活的应用。针对不同的英汉习语，翻译工作人员可以先采用直译法，后采取意译法，表面含义与深度含义都翻译出来，这样就能够起到画龙点睛的良好效果。例如，“Every bird likes its own nest”直译过来是“每一只鸟都爱自己的巢”，其代表的含义是热爱自己的家，因此可以翻译为“每一只鸟都爱自己的巢，而每一个人都爱自己的家”。需要提及的是，这一翻译方式对于翻译工作人员的综合素质要求比较高，不仅需要其对英语和汉语文化背景具有足够的了解，还需要熟练进行直译法和意译法的组合运用。

5. 增补译法

因为英语与汉语的文化背景是不同的，一些母语读者在习语理解方面有一定难度，因此需要使用增补译法，即先对英汉习语进行直译，后续加注，使得习语保持原汁原味的同时也能使读者理解其真正的含义。但是加注部分不应过多，否则会造成读者在阅读过程中产生不适感，整体阅读的流畅度也会下降很多，这与增补译法的初衷是互相违背的。

第二节　语用能力的培养

一、概述

（一）语用能力的含义

语用学是对语用能力最好的解释，语用学这一概念产生于20世纪70年代，是对语用能力内涵的研究。对于语用学，中外学者有着不一样的理解，我国学者认为，语言能力是表达和理解的双重能力，而外国学者则认为，能力包含着知识与技能两个方面，总而言之，语用能力在其内涵定义上均有一个共同特征，即以语言进行恰当、准确交际的能力。

（二）培养学生语用能力的目的

培养学生的语用能力，是为了增进学生的语言交际能力。翻译教学不仅要注重翻译知识和技能的培训，还应培养学生的实践应用能力。真正掌握一门语言不仅要局限于语法、词汇的掌握，还要综合语言环境、历史人文等多方面因素，对语言进行灵活应用。在翻译教学中，教师应培养学生语用能力，帮助学生更深入、全面地获取知识，应用所学知识传达信息。

目前高校翻译教学正逐步走向成熟，但大量的调研资料结果显示，我国大多数高校外语专业学生的语用能力不够理想，在语言交际中不能够灵活、准确的表达自己的思想，在一些特定的语境下，很难用恰当的语言形式和交际策略达到预期的交际目的。

二、学生语用能力培养中存在的问题

（一）受母语影响，缺乏有利语言环境

母语是人在出生后接触到的第一语言，对个体发展有着极为深远的影响，随着学习的深入，学生在接触第二语言时，往往会受母语的影响。在教学实践中，作者发现，一些学生善用固定的汉语思维来解读目标语言，将我们的文化环境投射到翻译作品之中，这是对翻译学习的干扰。无论是在学校中，还是在社会实践中，学生面对的交流人群多以汉语进行交流，即便是教师为营造良好的语言环境，为学生交流建立英语角，开展社团活动等，时间也都是固定的。改革开放以来，越来越多的外国人到我国居住、学习等，这也增加了学生与外国人接触交流的机会，但这些外国人更多的居住于北上广深等大城市，我国大部分中小城市及县镇地区的学生与外国人接触的机会微乎其微，故而，学生缺乏有利的语言环境。

（二）教材陈旧，教师教学理念滞后

教材更新较为缓慢，在翻译教学中沿用旧教材，学生无法掌握最新的学习方法和技巧，这对翻译教学来说无疑是一种阻碍。部分教师在教学中仍沿用传统的教学方法，以灌输式的教学思路来引导课堂教学，忽略学生自主学习能力和语用能力的培养，在翻译教学中教师更多关注点在于帮助学生应对考试，而考试的关注点依旧在语法的应用上，这种考查方式对学生语用能力培养效果不显著，这都体现出了教师教学理念相对滞后，对学生翻译能力的提升起不到积极作用。

三、提高学生英语语用能力的策略

（一）小学生英语语用能力的培养

1. 开展自由会话，培养学生的语用意识

英语无论是在大学还是中小学都是一门重要的课程。对于小学生来说，他们的心智还不是很成熟，遇到不喜欢的事情，表现方式就是抗拒，教师能做的则是给学生一定空间与时间，从而逐渐培养他们的语用意识。上课之前，利用课前五分钟来一个 free talk，一方面可以很好地活跃课堂气氛、激发学生的学习热情，另一方面着眼于日常生活的谈话，有助于培养学生的语用意识。例如，对于低年级的学生来说，可以立足生活，帮助学生积累更多“说”的素材。在 free talk 环节可以运用比较开放的方式，老师负责提问，鼓励学生自由回答。例如，围绕天

气这一话题，教师可以在多媒体上展示不同天气的图表，请学生回答。

老师：How' s the weather today？学生：It' s a sunny today. 老师：How' s the weather today？学生：It' s a windy today. 老师：How' s the weather today？学生：It' s rainy today……以上围绕天气的问答，虽然是师生间简单的问答，可是与学生的生活息息相关，谈话的气氛也会自由，学生愿意主动运用所学的知识去表达，学生的学习积极性和兴趣比较高，慢慢就渗透了对学生语用意识的培养。到了中高年级，可以采取话题式的 free talk。教师先从最简单的日常用语入手，选择社会上的热点话题，和学生一起谈论想法和感受。随着日积月累，学生的谈话内容增多，谈论的话题深度也在不断提高，学生的语用意识也在加强。如围绕电影《花木兰》，教师就可以开展话题的讨论。教师："This is a familiar story. The hero of the story is a girl.Her name is Hua Mulan."鼓励学生以"I am a girl，I want to be a teacher，because ..."的句型来说一说自己的梦想，鼓励学生结合自己的观影感受去讨论看法，从而训练学生运用语言表达观点的能力，无形中渗透了对学生语用意识的培养。

2. 倡导对话教学，训练学生语用能力

对话教学理念作为新课程改革倡导的重要教学理论之一，对于教育教学工作的开展具有重要的作用。教学究其本质是一个交往的过程，是一个对话的过程。针对教学的学习内容，可以采取对话教学的模式，学习过程中指导学生分角色、带动作、带表情参与阅读乃至表演，赋予课堂对话的感受，使学生在对话过程中记忆和运用语言，切实提高学生的语用能力。例如，在教学 MODULE6Unit 1"Happy birthday！"这部分内容时，为了让学生理解在生日场合下要说祝福语，教师可以借助 PPT 出示一幅生日聚会的图片，模拟日常生活场景，鼓励学生主动举手和教师一起参与"表演"。教师："It's Li Ming' s birthday today！ Let' s wish him a happy birthday！"首先教师示范，如展示生日蛋糕、学生的祝福卡片，此时教师说道："On birthday，what can we say…"学生回答道："How should we express our best wishes for Li Ming's birthday？"随后，教师可以播放《生日快乐歌》，师生一起唱道："Happy birthday to you！"在形象生动的对话场景中，学生学习了单词"birthday"，掌握了生日祝福的表达方式"Happy birthday to you！"。

3. 创新作业布置，发展学生的语用素养

布置作业是教学活动的重要一环，很多教师布置家庭作业就是让学生去抄单词、背课文，目的是帮助学生强化语言知识的运用，可是效果比较差。为此，教师要创新作业设计，设计能使学生听、说、读、写全面发展的作业，凸显语用素养的培养。在多种形式的作业中，可以设计有感情地朗读课文、表演对话来训练学生说的能力，设计诸如单词接龙、看图写话、自编儿歌等作业来训练学生写的能力，还可以设计收集英美文化知识、收集广告中的英文字母、收集门牌号等作业来培养学生的语言综合性素养。对于学习上有困难的学生可放低要求，而对于优秀的、学有余力的学生则可以提高难度，在综合性作业之中挖掘学生的创造力。如在教学完 MODULE 2 Unit2 "What's your name？"后，作业设计如下：(1) 邀请你的父母为你拍摄一段自我介绍的视频，要求视频之中不仅仅要说明自己的名字、年龄，还要展示出自己的个性和特点，帮助同学们更好地认识你。(2) 邀请几个同学，一起谈一谈对你的第一印象。(3) 你的名字是什么？其中有没有特别的含义或者名字背后有什么故事吗？和大家说一说吧。

以上三个作业形式多样，不是让学生反复去抄写单词句子，而是运用拍视频、讨论、谈话的方式帮助学生强化语言知识，也能够开拓其文化视野。在第一个作业中，可以鼓励学生运用学过的英语知识去进行自我介绍，创造性地加入一些动作、表演等，体现自己的不同。第二个作业，通过话题"我的第一印象"，旨在促进学生间的交流。小学生由于语言知识积累有限，可以鼓励他们运用汉语去说一说，加强学生之间的交流和沟通。第三个作业则旨在文化教育，挖掘名字背后的传统文化，感受中西方人名背后的文化差异，开拓学生的文化视野。俗话说"三分课内，七分课外"，这无疑为学生找到了一条学习英语的捷径。为了更好地培养学生的语用素养，教师还需要拓宽学生的语用视野，帮助他们积累更多的语用知识。在课堂上，教师可以定期给学生分享一些绘画读本，绘画的内容图文并茂，英语句子简单，和学生生活密切相关，旨在激发学生的兴趣，扩大学生的知识面。也可以鼓励学生开展课外阅读，把有趣的内容在课堂上分享。

（二）初中生英语语用能力的培养

初中英语是英语学科学习的重要阶段，而英语是一门应用范围非常广泛的语言。因此学生若是想要掌握较强的英语知识，培养自身的英语语用能力是其中的关键环节。语用能力通常被理解为在具体的语境中准确的理解说话人的意图，并可以得体的表达出自己的想法的能力。学生在学习英语的过程中，其是也是培养自身这门语言的语用能力的过程。但是在我国当前的英语教学模式下培养出的英语学习者，其自身的语用能力普遍均比较弱，文化差异敏感度也较低。而初中阶段是英语学习者掌握英语基础知识和能力的关键阶段，从而也是提高学生英语语用能力的重要关口。

1. 利用呈现语境来提高中学生的英语语用能力

语用能力的定义至今仍有多种学说，但是总体说来普遍均认为其是应用语言进行得体交际的能力。其可以简单分为表达和理解两个表现形式，语用能力必须要考虑当前使用的语境。并针对特定的语境从社会因素出发。灵活的使用语言来表达自身的想法。因此需要提高学生的英语语用能力时，必然要提高学生对语境的把握，只有清晰地把握住语境的含义，才能说出相对应的语言。而由于我国教育环境存在一定的限制，教师在课堂教学过程中可以采用电影或是电视剧提供有关语言行为适用的实际事例。例如，在讲述“Is there a post office near here？”这一章节时。本章中主要让学生掌握用英语问路指路，在表达过程中使用 there be 句型，并在句型中灵活的应用地点方位介词。因此教师在教学过程中可以自己动手编辑和选择相应的短片，并在其中加入相应的对话内容，如，A：Is there a bank near here？ B：Yes，there is.A：Where is the bank？ B：It’s next to... 在教学过程中通过电影来呈现出语境，帮助学生提高自身的语用能力。同时教师在选择电影或是制作短片时，要选择符合学生的水平。并且需要结合课程知识，迎合教学需要。

2. 以课堂互动教学提高中学生的英语语用能力

在初中英语的教学课堂中，教师也需要认清语用能力在教学中的地位，认清语用能力在英语教学中的作用。语用能力也是语言能力的重要组成部分，其与语言知识均是提高英语水平的重要组成之一。初中英语的教学不能仅仅停留在语言知识的教学上，而是需要在实践中提高学生的英语水平。在运用语言知识开展实践课堂时，其也是锻炼学生语用能力的过程。因此在初中英语教学的过程中，教师需要认识到师生互动和生生互动的作用，让学生在互动中增强课题上的趣味性，也可以锻炼学生的语用能力。例如在讲述“How do you make a banana milk shake？”这一章节时。在本章中主要让学生使用句型“Pour the milk into the blender...”和“how many”“how much”等词组询问或描述一种食物的制作过程。教师在此时可以让学生之间用角色扮演的活动方式来开展对话教学。如：A：How do you make a banana milk shake？ B：First peel three bananas. Then cut up the bananas.A：Is this enough milk？ B：Now put the bananas and ice-cream in the blender.Then pour the milk into the blender. 教师在教学让学生自由发挥，设计相应的对话演练，让自身的英语语用能力得到提升。并且教师在此过程中需要进行正确的引导，帮助学生改正自身的语言错误。

3. 开展任务型教学提高中学生的英语语用能力

随着教学方式的不断革新，任务型教学也渐渐被教育工作者所认可。任务型教学可以以具体的任务和目标激发学生的学习动力，从而在完成任务的过程中达成较好的教学成果。而许多教育工作者均认为学生语用能力得不到提高的原因是对语境的把握程度不高，从而出现说话不妥和表达不合习惯等错误。简单来说，就是学生在表达中违背了目的语所特有的文化价值观念。因此教师在教学中可以设置一些不合语境的语言来让学生寻找其中的错误，例如，在讲述“How often do you exercise？”这一章节时。教师可以设计出一些病句来让学生寻找其中的错误，如，“Who will teach our motion next term. You should read at the last two books every month.”教师在教学中开设病句修改型任务式教学，让学生在修改中发现常见的语用错误。从而让学生在往后的语用能力的锻炼中尽量避免出现错误，提高自身的语用能力。

总之，在初中英语的教学过程中，教师应当认清英语语用能力和语言知识的能力是同步发展的，才能促进初中学生的英语水平全面成长。而在具体的教学过程中，语用能力需要通过各个可能的教学环境来具体实现，因此初中英语教师需要转变自身的观念，重视语用能力的培养，才能在教学过程中将语用能力的培养落实到实处。教师在教学中从语境呈现和课堂互动以及任务型教学等方面出发，让学生的语用能力得到成长。但是教师在教学过程中也需要结合新的教学理念，不断改进自身的教学方式，让学生的英语语用能力得到更好的提高。

（三）高中生英语语用能力的培养

1. 加强词汇积累和拓展，夯实语用能力基础

词汇是写作的基础，写作是学生语用能力的体现，基础不扎实，写作自然空无一物。而词汇的学习是一个循序渐进的过程，需要学生日积月累。正所谓“不积跬步无以至千里”，只有“厚积”才能“薄发”。所以，要想提高学生英语书面表达能力，高中英语教师必须引导学生积累丰厚的词汇，夯实学生词汇基础。当然，在掌握教材中的基础词汇的同时，英语教师有必要启发学生进行适当的拓展延伸，尤其要拓展一些高级词汇、词组。例如表达“少数的”，学生能用“a handful of”，就尽量不用“little”；表达“加强”意思的词汇可以是“enhance”或是“reinforce”；也可以用“attend to”替换“look after”；“on condition that”替换“as long as”。在指导学生书面写作时，要求基础一般的学生先用基础词汇，而基础较好的学生可以尝试用一些高级词汇，提高自己文章的质感，让阅卷老师

眼前一亮，给作文打个高分，还能锻炼自己的词汇运用能力和增加知识储备，多用多练，这些知识点自然就内化为学生的英语素养了。

2. 在阅读储备中加强英语的理解，提高学生阅读量

阅读和写作是两个相辅相成的学习过程，阅读是学生语言输入的重要途径，写作则是学生语言输出的重要环节，是提高书面表达的重要途径，也是提高学生英语运用能力的重要方式。大量的好词好句也是出自阅读，比如经典名言警句、俗语。在指导学生阅读时，可以鼓励学生多积累、摘抄、理解记忆，为学生语言输出做好准备。为此，建议广大英语教师在日常教学中多引导学生选择性阅读，比如读一读特定作文题的范文，读一读英语杂志，经典英文作品（符合学生阅读能力的）。通过大量阅读来夯实英语基础知识，拓宽学生知识视野，提高学生阅读理解能力，增强英语语感，减少汉语思维对学生语言应用的负迁移作用，改变汉式思维对学生语言表达习惯的影响，不断提高学生英语表达能力。

3. 坚持多样化写作训练，增加学生练笔机会

“光说不练假把式”。适当的写作训练也是提高学生语言运用能力的重要方式，是提高高中英语书面表达教学有效性的重要手段。当学生积累了丰厚的词汇量，掌握了相应的语法知识以及写作技巧后，不让学生动笔写，那一切都是空谈，久而久之，学生依然会忘记这些知识。所以，在高中英语教学实践中，要坚持引导学生进行多样化写作训练。比如依托教材中的阅读材料进行读后仿写、续写、写感悟，迁移运用阅读材料中习得的基础知识和写作技能，加强读写结合；又比如定期开展“限时”写作训练，以比赛的写作形式唤起学生的竞争意识，加快学生写作速度，促使学生快速思维发散；又或者是进行专题写作，定期给学生一个贴近生活的写作主题，请学生结合自己的生活实际，运用自身储备的英语知识自由写作，写出实感，写出个性。例如“网络是一把双刃剑”“保护生态环境”“如何调节负面情绪”“正确看待压力”“交友”等主题，既可以锻炼学生书面表达能力，又能够启发学生从生活的角度思考。

4. 扩充教材知识，促进学生多样化知识的学习

（1）优化课堂活动，实现教材延伸。教材是教学的主要依托，但不是唯一。在新课程理念指导下，广大英语教师应当立足于教材，但不困囿于教材，结合学生发展需要适当进行教材知识拓展延伸也是十分有必要的，尤其是在提高学生英语应用能力中，适当拓展课外知识，创新课堂教学方法，优化课堂教学活动，给学生提供丰富的学习素材，有利于拓宽学生知识面，增加学生英语文化知识积累，同时为学生营造一个自由、轻松的学习氛围，增强学生说英语、用英语的自信心。

为此，英语教师在教学实践中当合理安排授课时间，将知识输入和输出两大环节调整好，协调好学生学习英语知识和运用英语知识的关系，在课堂的每一个细小环节中渗透语用能力培养，促使学生真正学以致用。具体而言，英语教师可在课堂教学中增设情境对话、游戏活动、模拟表演、小组会话等活动，让学生在英语课上“说起来”、“动起来”，充分体现学生主观能动性，同时也给学生提供一个开放的语言学习和运用平台。

（2）开展课外实践活动，拓展语用功能。课堂是教学的“主阵地”，但不是唯一场所。陶行知先生早就提出了“生活教育理论”，强调社会生活的重要性，提倡开展生活化教学，鼓励广大教师课内外衔接，给学生提供课外学习机会。为此，英语教师要想提高学生英语运用能力，除了依托课堂教学之外，还需要给学生创设多样化课外实践活动，利用一切资源给学生提供一个更大、更开放的英语交际环境。例如，以班级为单位，创建英语角；以年级为单位，组建英语兴趣小组；定期开展英语夏令营、英语沙龙、英语情景剧表演、英语演讲比赛等实践活动，以活动丰富学生课余生活，也以活动带动学生主动运用英语，弥补英语语境的缺失，让学生在英语课外也可以大胆地说英语。除此之外，英语教师也可以利用网络平台组织学生开展网上英语交流和分享活动，鼓励学生用纯英语交流。如此一来，真正给学生营造一个浓郁的英语学习氛围，以多样化实践活动强化学生英语学习体验，真正在活动中锻炼学生语言表达能力，逐步实现学生英语运用能力提升。

（四）大学生英语语用能力培养

语用教学是大学生语用能力习得的关键所在，在大学英语语言教学中，首先要提高师生对英语语用能力和思辨能力的重视。目前许多大学普遍存在一些问题，比如，教育目标较为简单，只是简单的听说读写，而且很多都只是为了应试，教师对学生的学习评估也是通过考试或者大学英语四六级来认定等，这就导致了应试教育的培养模式，学生为应试而学习，无法做到学以致用，缺乏语用能力和思辨能力，更不用说综合应用能力了，必然不符合职场和社会需求。所以提高高校教师以及学生对语用能力和思辨能力的重视程度，培养学生完成实际交际任务的能力才是重中之重。

其次要构建有效的培养模式。当前大学课程对英语教育教学有较为清晰明确的目标，涉及英语听力能力、口语表达能力、阅读能力、写作能力和翻译能力，但除了这些基础能力之外，教师最应该思考的就是当前英语教学中的模式限制，寻求解决低效的教育培养模式的方式和方法，提升语用能力和思辨能力培养的路径，比如，明确教育目标、优化教育评价体系方法等，这样才能够有效地提升大学英语教育的水平。明确教育目标层面，教师在重视语言形式正确性的同时还要教授语言的使用规则，可以把语用语言知识融入话语、语法及词汇的教学中，以培养学生的语用语言能力；通过介绍语用原则如合作原则、礼貌原则，以及把文化教学与听、说、读、写等四种语言技能结合的教学方法，达到培养社交语用能力之目的。只有语用能力与语言能力共同提高，才能实现大学英语教学的最终目标。

优化教育教学评价体系方面，评价体系主要是指如何评价学生学习的好坏，当前的评价体系最主要的方法是考试，通过考试分数的高低来认定学生学习的好坏，这种不够客观的方法是应该摒弃的，评价应该通过整个教学过程的方方面面进行，可以通过学生的实际运用能力进行综合测评，比如答辩、社团、演讲、问答，甚至是和人实际交流等等方式方法，这样可以充分展示学生的各个方面能力以及不足的地方，提高学生的语用能力和思辨能力以及相关实用技能。

最后，提升英语素质教育方面，在大学生英语应用能力市场环境中，英语作为一种国际化语言，已不再是一种能力，而是一种素质。大学生要掌握的不只是这门语言，还有相关的语言文化和思想。在重视教师英语文化修养的同时，优化思维能力培养的模式和优化评价体系，将语用能力和思辨能力的培养融入当前英语教学的各个环节，才能为我国培养更多更加专业的英语人才。

参考文献

[1] 韩晓梅 . 英语文学翻译美学价值与艺术特性的基本内涵 [J]. 今古文创，2022（3）：123-125.

[2] 王馥沁 . 语料库辅助下新闻英语的概念隐喻功能分析及翻译策略 [J]. 湖北开放职业学院学报，2021，34（23）：182-185.

[3] 王悦 . 跨文化意识视阈下的新闻英语翻译 [J]. 产业与科技论坛，2021，20（24）：135-136.

[4] 马睿 . 英汉翻译中跨文化视角转换及翻译技巧 [J]. 汉字文化，2021（23）：140-141.

[5] 黄强 . 从关联理论的角度看大学英语翻译中的语境问题 [J]. 海外英语，2021（22）：45-46.

[6] 薛洁 . 功能翻译理论视域下的大学英语翻译教学研究 [J]. 海外英语，2021（22）：65-66.

[7] 谭丁 . 高职英语翻译教学策略探析 [J]. 英语广场，2021（32）：122-124.

[8] 武艳霞 . 翻译模因论背景下的商务翻译教学 [J]. 海外英语，2021（21）：63-64.

[9] 马锐 . 英语翻译中跨文化视角转换及翻译技巧 [J]. 湖北开放职业学院学报，2021，34（21）：174-175.

[10] 金蒴 . 英语新闻标题的特点与翻译 [J]. 公关世界，2021（20）：127-128.

[11] 赵瑞 . 中西方文化差异下法律英语翻译之对策研究 [J]. 英语广场，2021（30）：24-26.

[12] 廖小粹 . 法律英语翻译的挑战与问题解决途径 [J]. 英语广场，2021（30）：31-34.

[13] 张晓霞 . 英汉翻译中中西文化差异影响分析 [J]. 汉字文化，2021（20）：140-141.

[14] 王朝杰 . 大学英语翻译理论与实践研究 [M]. 新华出版社，2020.

[15] 王大维，王中立，王军 . 新时代科技英语翻译路径研究 [M]. 南京东南大

学出版社，2018.

[16] 龚茁 . 法律英语翻译一致性原则研究 [M]. 浙江工商大学出版社，2016.

[17] 邢丽华，杨智新 . 商务英语翻译理论与实践应用探索 [M]. 新华出版社，2015.

[18] 朱徽，罗列 . 汉英翻译教程 [M]. 重庆大学出版社：求知高等学校英语专业系列教材，2015.

[19] 滕梅 . 中国翻译政策研究 [M]. 中国人民大学出版社，2013.

[20] 黄海英 . 浅析英语翻译中跨文化视角转换与翻译技巧 [J]. 经济师，2021（10）：197；199.

[21] 蒋诗颖 . 英语翻译中跨文化视角转换及翻译技巧 [J]. 江西电力职业技术学院学报，2021，34（9）：57-58.

[22] 徐玲 . 大学生英语写作中的跨文化语用错误现象及对策研究 [J]. 黑龙江教师发展学院学报，2021，40（9）：154-156.

[23] 包乐君 . 英语翻译中跨文化视角转换及翻译技巧 [J]. 海外英语，2021（16）：22-23.

[24] 拾景乐 . 英语文学作品中典故的翻译技巧 [J]. 英语广场，2021（20）：36-39.

[25] 许宏宇，李琮 . 大学生口语语用能力现状及提升策略 [J]. 校园英语，2020（12）：8-9.

[26] 邹华 . 基于语用视角下大学英语教学研究 [J]. 现代英语，2020（2）：38-40.

[27] 袁媛 . 语用语言失误与外语教学 [J]. 考试与评价（大学英语教研版），2019（3）：78-81.

[28] 高艳梅，张支行 . 大学生英语词汇学习的语用策略研究 [J]. 产业与科技论坛，2019，18（4）：169-170.

[29] 陈颖 . 大学英语语用能力培养研究 [J]. 校园英语，2018（35）：16.

[30] 李楠，王云 . 大学生英语语用能力培养策略研究 [J]. 理论观察，2018（8）：162-164.

[31] 葛一弘 . 英语专业本科生跨文化语用失误调查研究 [D]. 湖北工业大学，2016.